ORÁCULO DE PREVENÇÃO

guia prático

UM JOGO INTERATIVO PARA DESCONSTRUIR MITOS E FORTALECER VERDADES

LÍVIA PIRES GUIMARÃES
NELIANA BUZI FIGILE

ORÁCULO DE PREVENÇÃO

guia prático

UM JOGO INTERATIVO PARA DESCONSTRUIR MITOS E FORTALECER VERDADES

Artesã

Oráculo de prevenção: guia prático

COORDENAÇÃO EDITORIAL
Karol Oliveira

DIREÇÃO DE ARTE
Tiago Rabello

REVISÃO
Giovanna Marques Hailer Felipe

CAPA
Karol Oliveira

PROJETO GRÁFICO E DIAGRAMAÇÃO
Conrado Esteves

O63

Oráculo de prevenção : guia prático / organizadoras : Lívia Pires Guimarães , Neliana Buzi Figile . – Belo Horizonte : Ed. Artesã, 2018.

200 p. ; 21 cm.

ISBN: 978-85-88009-92-9

Inclui jogo de cartas.

1. Psiquiatria. 2. Saúde mental. 3. Educação. 4. Drogas. 5. Promoção da saúde. I. Guimarães, Lívia Pires. II. Figile, Neliana Buzi.

CDU 616.89

Catalogação: Aline M. Sima CRB-6/2645

IMPRESSO NO BRASIL
Printed in Brazil

ARTESÃ EDITORA LTDA.
Site: www.artesaeditora.com.br
E-mail: contato@artesaeditora.com.br
Belo Horizonte/MG

DEDICATÓRIA

Dedicamos este jogo aos nossos filhos Bento, Lucas e Luigy, os quais nos motivam a seguir acreditando na prevenção e que nos convidam diariamente ao leve, ao lúdico e ao amor.

Dedicamos este projeto também a todas as pessoas que travam a árdua batalha de tentar prevenir o uso de substâncias no Brasil.

AGRADECIMENTOS

Agradeço aos amigos Vanina Cartaxo, pela inspiração e motivação; Guilherme Moreira, pelas asas criativas e Luciano Magno Pinheiro, por ter feito com amor, amizade e competência técnica o "parto" da ideia imediatamente no meio da noite. E agradeço, principalmente, à parceira Neliana Buzi Figlie, inspiração de honestidade, compaixão, competência e ética. Sem você o sonho só seria mais um sonho.

Lívia Pires Guimarães

Agradeço à Lívia Pires Guimarães pela motivação que originou a elaboração deste material, bem como à valiosa contribuição dos colaboradores.

Neliana Buzi Figlie

SUMÁRIO

11. INTRODUÇÃO
Lívia Pires Guimarães, Neliana Buzi Figlie

Capítulo 1
15. FUNDAMENTOS BÁSICOS DE PREVENÇÃO AO USO NOCIVO DE ÁLCOOL, TABACO E OUTRAS DROGAS
Alessandra Diehl

Capítulo 2
43. COMO COMUNICAR A PREVENÇÃO: MOTIVAR PARA A MUDANÇA
Neliana Buzi Figlie

Capítulo 3
77. COMO INTERVIR PARA MOTIVAR: ACONSELHAMENTO INDIVIDUAL BREVE
Maria Aparecida de Andrade Borges, Thaís dos Reis Vilela, Maria Teresa Malaquias de Albuquerque, Neliana Buzi Figlie

Capítulo 4
117. COMO INTERVIR PARA MOTIVAR: ACONSELHAMENTO GRUPAL BREVE
Maria Teresa Malaquias de Albuquerque, Maria Aparecida de Andrade Borges, Thaís dos Reis Vilela

Capítulo 5
149. ORÁCULO DE PREVENÇÃO: GUIA PRÁTICO
Lívia Pires Guimarães, Neliana Buzi Figlie

189. AS AUTORAS

INTRODUÇÃO

A maioria das pessoas sabe, reproduz e repete, em seus discursos em diversas áreas de conhecimento, que prevenir é melhor do que remediar. Contudo, no que diz respeito ao uso abusivo de álcool, tabaco e outras drogas, a prevenção continua a ser um desafio para muitos profissionais, serviços e áreas de estudo, por esbarrar em temas que confrontam tabus, crenças, estigmas e ideologias. A partir dessa dificuldade surgiu o Oráculo de Prevenção.

Esse jogo tem como proposta criar um ambiente para que sejam conversados de forma leve e lúdica diversos assuntos relacionados à temática *drogas*. As propostas de prevenção ao uso abusivo de drogas frequentemente são aversivas e confrontadoras e pesquisas aliadas à experiência já demonstraram que, desta forma, ela não funciona. O objetivo da prevenção, particularmente a destinada às crianças e aos adolescentes, é de conquistar e não repelir. Assim, estratégias que promovam o protagonismo, o diálogo, o autoconhecimento e também a brincadeira são sempre bem aceitas.

O Oráculo de Prevenção é uma ferramenta abrangente desenvolvida para uso de diversos profissionais e áreas de atuação. Ele pode ser utilizado por professores no ambiente escolar, por profissionais das áreas da saúde e da assistência em serviços de atenção à dependência química ou correlatos, por profissionais no *setting* clínico e/ou terapêutico, por profissionais que atuam em empresas e, também, pelos pais com seus filhos e demais familiares a oferecer um espaço de conversa e ressignificação de conceitos, crenças e culturas. Não há restrição de idade para o trabalho com esse jogo. Entretanto, a sugestão é de que seja utilizado com crianças a partir de 10 anos, adolescentes e adultos, em grupos ou individualmente.

Esse jogo foi desenvolvido e alicerçado nas estratégias de prevenção universal, seletiva e indicada, ou seja, ele pode ser trabalhado com crianças que nunca experimentaram substâncias psicoativas, até dependentes químicos adultos que estão em tratamento na busca de recuperação por meio da redução de danos ou da prevenção de recaídas. A abrangência desse jogo encontra-se no fato de que a estratégia proposta não tem como foco as substâncias, mas sim as pessoas em seus contextos.

O jogo Oráculo de Prevenção aborda os fatores de risco e os fatores de proteção na família, na escola, na rede de pares e na comunidade e no próprio indivíduo, bem como apresenta alguns mitos e verdades. Tratados de forma lúdica, cada aspecto levantado em uma carta proporcionará descobertas, conhecimentos e revelações, pois o poder da ludicidade repousa também no poder da criatividade e da espontaneidade.

Como acompanhamento do jogo foi produzido um pequeno livro que contou com o apoio de especialistas, os quais partilham desta mesma perspectiva. O objetivo desse livro é dar apoio teórico ao usuário uma vez que, munido de conteúdos sobre o tema, terá mais aprofundada a compreensão da proposta do jogo e maior liberdade para uso de seu potencial criativo a desenvolver estratégias além daquelas oferecidas.

Houve muita dedicação no desenvolvimento deste jogo porque se trata de uma grande oportunidade de crescimento para todos aqueles que se dispõem a interagir e brincar fazendo uso do Oráculo de Prevenção. Nele foram depositados anos de estudos, de práticas clínicas e acadêmicas, muito carinho e a convicção de que é na proposta de uma prevenção bem-feita baseada em evidências que se consegue oferecer uma alternativa real para aqueles que veem as substâncias psicoativas como um único caminho ou como um dos poucos caminhos existentes. Esse jogo vem apresentar a certeza de que as respostas e descobertas de vários caminhos em direção à mudança estão dentro de nós mesmos e, por meio do encontro verdadeiro com o outro, elas aparecem.

O esperado é que esse jogo verdadeiramente promova todo o encanto e magia próprios das brincadeiras e do brincar. Que você, como usuário direto do Oráculo de Prevenção, acesse-o e mate as saudades da criança que foi um dia e tenha a oportunidade de conhecer a criança que está brincando hoje. Adultos que sabem brincar de maneira saudável com a própria condição humana e crescer a partir dela conseguem se divertir de forma construtiva. Então, bom divertimento e crescimento para todos nós!

Lívia Pires Guimarães
Neliana Buzi Figlie

CAPÍTULO 1

FUNDAMENTOS BÁSICOS DA PREVENÇÃO AO USO NOCIVO DE ÁLCOOL, TABACO E OUTRAS DROGAS

Alessandra Diehl

Introdução

A prevenção ao uso de álcool, tabaco e outras drogas (de prescrição médica ou não) deve ter como meta principal evitar a experimentação e reduzir os danos causados por estas substâncias antes que problemas comecem a de fato surgir. Assim, a prevenção pode oferecer outras possibilidades e alternativas tanto de resiliência na família, na escola, nos ambientes de trabalho e na comunidade quanto na promoção de comportamentos mais saudáveis. Esta prevenção tem seu alcance ampliado quando a mesma estiver alinhada ou em sintonia com as políticas públicas do local onde os indivíduos vivem.[4]

Fatores de risco são aquelas situações ou eventos que negativamente afetam o indivíduo, colocando-o em uma situação de maior vulnerabilidade e maior probabilidade à experimentação e ao abuso de drogas. Por outro lado, fatores associados em reduzir o potencial de abuso, que aumentam a resistência à experimentação, são chamados de **fatores de proteção.**[4,5]

Pesquisas têm corroborado para identificar quais seriam os vários fatores de risco e de proteção que contribuem para a experimetação, para o abuso e consequente dependência de álcool, tabaco e outras drogas entre crianças, adolescentes e adultos jovens, como em outras populações que podem estar em vulnerabilidade como idosos, imigrantes, moradores de rua, refugiados e transexuais, por exemplo.[5,2,9]

Um dos mais importantes princípios dos programas de prevenção que são bem sucedidos almejam aumentar os fatores de proteção e reverter ou reduzir os fatores de risco.[4] O risco de se tornar um dependente de substâncias psicoativas envolve a complexa relação entre a qualidade e os tipos de fatores de risco. Adolescentes com alto índice de desregulação emocional podem estar sob risco aumentado de desenvolver abuso e dependência de substâncias. Neste contexto, a relação que este adolescente estabelece com a religiosidade / espiritualidade, a coesão comunitária, bem como o apoio e a presença familiar, podem funcionar como fatores de proteção[17,15].

O potencial impacto de fatores de risco específicos e de fatores de proteção podem sofrer mudanças com a idade ou com situações de trauma, luto, violência ou alta exposição ao *stress* na vida daquela pessoa, por exemplo. Assim, os fatores de risco familiares, em geral, têm um impacto maior sobre uma criança mais nova, enquanto a associação com os seus pares abusivos de drogas pode ser um importante fator de risco na adolescência. A intervenção precoce em fatores de risco, como comportamento agressivo e baixo autocontrole, muitas vezes tem um impacto maior do que uma intervenção que visa mudar a trajetória de vida de uma criança longe dos problemas e com exposição a comportamentos positivos. Embora os fatores de risco e de proteção possam afetar pessoas de todas as faixas etárias, eles podem ter um efeito diferente dependendo do gênero, da raça, da cultura, da orientação sexual, de fatores psicológicos, da genética, do estilo de vida e do meio ambiente em que a pessoa vive.[4,8]

Além disto, o fato da decisão de experimentar uma droga tenha geralmente um grau de motivação pessoal, sabe-se que a exposição repetida a este consumo tende ao desenvolvimento da dependência. Esta, por sua vez, é resultado de uma combinação complexa de fatores genéticos, fisiológicos e ambientais. É difícil apontar exatamente quando um indivíduo se torna dependente de uma determinada substância. A dependência não é um fenômeno claramente demarcado, por se desenvolver ao longo de um *continuum*, o qual se inicia com problemas associados ao consumo, até à dependência grave com consequências físicas, mentais e socioeconômicas.[4,3]

O abuso de drogas por uma pessoa ou por um grupo de pessoas raramente é causado por um único fator isolado. Trata-se de uma interação entre um grande número de condições e fatores individuais, sociais, culturais, psicológicos e ambientais que colocam as pessoas em risco variando de comunidade para comunidade e de pessoa para pessoa. A maior contribuição da prevenção baseada em riscos centra-se em seu valor preditivo, o qual possibilita a adequação do desenho da intervenção.[4]

Este capítulo tem por objetivo discorrer a respeito dos principais fatores de risco e de proteção para o desenvolvimento de problemas e de dependência de álcool e outras drogas, assim como apresentar os principais domínios e modelos para a prevenção, de modo a auxiliar o profissional na capacitação teórica para que haja um melhor proveito no uso do Oráculo de Prevenção.

A Interação entre Fatores de Risco e de Proteção nos Domínios da Vida

A prevenção é uma intervenção que almeja mudanças de fatores pessoais, sociais, e ambientais, as quais podem contribuir para retardar ou impedir o consumo de substâncias e/ou evitar que este consumo se torne problemático. Assim, a prevenção é o compromisso com ações que diminuirão o consumo de substâncias, bem como auxiliarão na promoção de saúde e bem-estar de um indivíduo, de um grupo de pessoas na família, na escola, no trabalho/empresa ou de uma comunidade, de modo a reduzir os efeitos dos fatores de risco e fortalecer os processos protetores.[4]

Além de avaliar os fatores de risco e de proteção, faz-se necessário avaliar os domínios que interagem com a pessoa nos quais os fatores, sejam de risco ou de proteção, serão processados, interpretados e sofrerão influência mediante as situações. Os principais domínios são: individual, pares, familiar, escolar, comunitário e sociedade. Estes domínios geram uma rede de influências que uma pessoa sofre quando se trata da sua postura perante as substâncias psicoativas e propõe uma interação entre os fatores de risco e de proteção, oferecendo uma noção de atuação para a elaboração de programas preventivos.[4]

Dessa forma a importância de estratégias preventivas direcionadas ao uso de substâncias psicoativas de modo a atuar no contexto biológico, psicológico, social e legal com vistas a promoção da saúde mental.[4]

O que os programas de prevenção necessitam fazer?[4]

- Reforçar os "fatores de proteção" e reduzir ou reverter os "fatores de risco" conhecidos.
- Evitar formas de uso de drogas, incluindo o tabaco e o álcool.
- Incluir o desenvolvimento de habilidades que ofereçam alternativas ao uso de drogas, fortalecer o compromisso

pessoal em evitar o uso de substâncias e reforçar a competência pessoal com habilidades de comunicação, relacionamento entre colegas, autoeficácia e assertividade, por exemplo.

- Incluir um componente familiar que reforce o que os filhos estão aprendendo e dê oportunidades para discussões em família sobre o uso de substâncias lícitas e ilícitas.
- Ter longa duração, com intervenções repetidas ao longo do tempo, a fim de reforçar as metas de prevenção originais.
- Dirigir os usuários à natureza específica do problema de abuso de drogas na comunidade local.
- Ter claramente delimitado o risco do público-alvo que usa substâncias e iniciar o esforço preventivo o mais cedo possível.
- Elaborar programas adequados à faixa etária e ao público alvo e adaptados à cultura do local
- Saber/entender que programas de prevenção aplicados desde a primeira infância são mais efetivos
- Saber/entender que programas de prevenção, cuja equipe é simpática, calorosa, receptiva, competente e que não abusa de substâncias psicoativas são mais efetivos do que aqueles que não possuem essas características.

Fatores de Risco e Fatores de Proteção

O **Quadro 1** fornece uma lista de fatores de risco e de fatores de proteção para a prevenção do uso de álcool e drogas em domínios de prevenção comentados em maior profundidade.[4]

Quadro 1 – Principais fatores de risco e de proteção nos diferentes domínios da vida dos jovens	
Domínio individual	
Fatores de risco	Fatores de proteção
Falta de habilidades ou habilidades deficitárias relacionadas ao consumo de álcool e drogas. Falta de autocontrole, assertividade e habilidade de recusa. Autoestima e autoconfiança baixas. Atitudes favoráveis em relação ao uso de substâncias. Predisposições biológicas e psicológicas. Fracasso ou dificuldade escolar. Comportamento antissocial prematuro, como mentiras, furtos, roubos e agressividade, particularmente em meninos que normalmente apresentam vergonha ou hiperatividade. Rejeição a valores de religião ou ateísmo.	Características pessoais positivas como: habilidades sociais; alta autoestima, senso de cooperação, flexibilidade, habilidades para solução de problemas e baixos níveis de atitudes excessivamente defensivas. Fortes vínculos com instituições sociais: ligação com os pais e com a família em geral, compromisso com a escola, envolvimento regular com instituições religiosas e crença nos valores sociais. Competência social e emocional: receptividade, boas habilidades sociais, empatia, bom humor, cuidado/responsabilidade por alguém, comportamentos sociais adequados, senso de autonomia, metas claras e objetivas e autodisciplina.

Domínio familiar	
Fatores de risco	**Fatores de proteção**
Uso de substâncias e aprovação do uso por pais ou irmãos. Disfunção familiar. Falta de envolvimento dos pais na vida dos filhos. Expectativas irreais a respeito do desenvolvimento. Falta de coesão familiar e baixa ligação com seus membros. Falta de regras ou ambiguidade em relação ao uso de substâncias. Falta de supervisão ou disciplina.	Ligação positiva entre os membros da família. Altos níveis de acolhimento familiar. Relacionamento familiar que evite críticas severas e desmedidas. Senso de confiança básica. Regras consistentes e claras, inclusive sobre sexualidade e consumo de substâncias. Encorajamento à participação das crianças nas decisões e responsabilidades da família e dos familiares. Ambiente de sustentação emocional: atenção dos pais aos interesses dos filhos, relacionamento entre pais e filhos estruturado e ordenado e envolvimento dos pais nas atividades relacionadas à escola.

Domínio grupal	
Fatores de risco	**Fatores de proteção**
Ligação a grupos que usam ou valorizam o uso de substâncias. Ligação a grupos que rejeitem atividades e ocupações socialmente esperadas. Controle externo rígido. Suscetibilidade à pressão negativa do grupo.	Ligação a grupos que estejam envolvidos com atividades organizadas por instituições, como escola, igreja, clubes, etc. Senso de autoeficiência e controle interno forte.

Domínio escolar	
Fatores de risco	**Fatores de proteção**
Falta de "senso comunitário" na escola. Atitudes favoráveis de profissionais e estudantes em relação ao uso de drogas. Regras e punições ambíguas ou inconsistentes em relação ao uso de drogas ou à conduta dos estudantes. Disponibilidade de substâncias psicoativas na escola ou nas redondezas.	Ambiente escolar que ofereça apoio e cuidado. Altas expectativas de funcionários, professores e direção da escola em relação aos alunos. Padrões claros e consistentes para comportamentos apropriados. Participação, responsabilidade e envolvimento dos jovens nas tarefas e decisões escolares.

Domínio comunitário	
Fatores de risco	**Fatores de proteção**
Falta de entrosamento/ligação com a comunidade. Normas favoráveis em relação ao uso de substâncias. Falta de recursos para trabalhos preventivos. Falta de consciência ou conhecimento da comunidade em relação ao problema das drogas. Serviços inadequados para jovens e falta de oportunidades para atividades sociais, esportivas e comunitárias. Desvalorização em relação à própria cultura. Aumento da disponibilidade de drogas.	Ambiente comunitário que ofereça apoio e cuidado. Oportunidade de atuação dos jovens nas atividades da comunidade. Consciência de comunidade e mobilização para obtenção de recursos necessários.
Domínio ambiental/político	
Fatores de risco	**Fatores de proteção**
Normas tolerantes quanto ao uso/abuso de substâncias. Não cumprimento de leis desenvolvidas para prevenir o uso nocivo de drogas. Inexistência, na mídia, de mensagens sobre as vantagens de não se usar drogas. Desemprego ou subempregos. Discriminação de várias espécies.	Informações, na mídia, baseadas em evidências e não apenas em ideologias. Diminuição do acesso às drogas. Maior taxação de impostos sobre as substâncias, para aumento do preço. Políticas públicas e leis severas associadas ao uso e à condução de veículos.

Fonte[13]: PEREIRA, CA. et al. IN: Prevenção ao Abuso de Álcool e outras Drogas. FIGLIE, NB; BORDIN, S; LARANJEIRA, R. *Aconselhamento em Dependência Química*. 2 ed. Editora Roca: São Paulo, 2012.

Fatores de Risco

- **Pais ou irmãos mais velhos que fazem uso de álcool e outras drogas (ou a percepção de uso)**: familiares que têm consistentemente o comportamento de consumir álcool são um forte preditor de uso de álcool na adolescência, sendo que o início do consumo, mais frequentemente, ocorre durante reuniões de família. Além disso, um histórico familiar de alcoolismo representa um fator de risco significativo para adolescentes no desenvolvimento de problemas associados ao beber excessivo.
- **Busca precoce por sensações de riscos com problemas de comportamento persistentes**: a agressividade precoce ou comportamentos antissociais precoces, como roubos, furtos, agressividade para com animais, desrrepeito para com os mais velhos com baixo arrependimento, e busca incesante por sensações de prazer que envolvam riscos ou situações de perigo, como, dirigir em alta velocidade, praticar esportes radicais, envolver-se em relações sexuais sem uso de preservativos, os quais persistem na adolescência, são preditores de agressividade na adolescência, abuso de drogas e problemas com álcool.
- **Colegas/Pares envolvidos com o uso de álcool e drogas e com problemas de comportamento**: associar-se com amigos e/ou pares que fazem uso de drogas ou álcool pode resultar em problemas de comportamento que, por sua vez, podem influenciar a experimentação e regularidade no padrão de uso de substâncias. Aqueles que bebem em um ambiente social ou que têm colegas que fazem isso são mais propensos a abusar do álcool futuramente.
- **O fracasso ou o baixo rendimento escolar**: as crianças e os adolescentes que têm um baixo comprometimento com

a escola ou que a abandonam precocemente são mais propensos a se envolver com álcool, tabaco e outras drogas.

- **Monitoramento dos pais – trata-se de um fator de proteção, mas que está elencado nos fatores de risco**: estilo parental positivo e acompanhamento próximo dos pais são comprovadamente fatores de proteção para o uso de álcool e outras drogas por adolescentes. Saber com quem os filhos estão, os lugares que frequentam, com quem vão sair são fatores que podem ajudar a protegê-los contra o uso de drogas. Da mesma forma, levá-los e buscá-los dos lugares, acompanhá-los em suas tarefas escolares, saber da vida escolar dos filhos são fatores que aumentam o monitoramento. Vale ressaltar que monitoramente não se trata de vigilância ou controle dos pais quanto à vida dos filhos, mas sim um legítimo interesse e participação na vida dos mesmos.
- **Baixa percepção de dano**: baixa percepção de danos/ prejuízos para o uso de álcool e drogas é um fator de risco para o consumo. Indivíduos com atitudes ou valores favoráveis ao uso de álcool ou drogas são mais propensos a iniciar o uso da substância.
- **Percepção dos jovens de que os pais aprovam o uso de álcool e/ou drogas feito por eles**: um dos fatores de risco mais consistentes para o uso de álcool na adolêscencia é a percepção de que há aprovação ou até mesmo incentivo dos pais para este consumo. Estudos apontam que o chamado "uso supervisionado", o qual os pais ensinam aos filhos o "beber responsável" e com moderação dentro de suas casas e/ou compartilham da bebida junto com eles, por exemplo, acarreta importantes riscos de evolução para o uso num padrão nocivo, e até mesmo dependente, na ida dos jovens à faculdade. O chamado "uso supervisionado"

parece não transmitir uma mensagem de "beber seguro". Por outro lado, adolescentes que não bebem desta forma chamada de "supervisionada" e postergam o início do uso de álcool para além da adolescência têm menos chances de desenvolver alcoolismo ou beber de forma perigosa e nociva à saúde futuramente.

Fatores de Proteção

- **Relação entre pais e adolescentes com forte coesão familiar:** os adolescentes que têm uma relação estreita de afeto e respeito com os seus pais são menos propensos a se envolver com álcool e drogas. Medidas de prevenção de uso, abuso e dependência de álcool e drogas entre os adolescentes têm adotado o lema "comece a falar antes que eles comecem a beber". Cabe notar que pais e mães necessitam falar com seus filhos usando a mesma linguagem em casa a respeito de muitas outras questões que envolva a vida dos jovens, mas principalmente sobre o uso de substâncias.
- **Facilidade no acesso e disponibilidade – trata-se de um fator de risco que está elencado no meio dos fatores de proteção de drogas:** a maioria das bebidas alcoólicas consumida por jovens é obtida por meio de fontes sociais, como os pais e os amigos, a serem consumidas nas festas para menores ou na própria casa deles. A fácil disponibilidade de álcool ou drogas ilegais no mercado e também aquelas prescritas, leva a uma maior utilização. É preciso lembrar que as chamadas "farmácias domésticas" também podem representar uma fonte de uso com medicamentos psicotrópicos utilizados por terceiros em casa, tais como benzodiazepinicos ou estimulantes e moderadores de apetite, dentre outros.

- **Carinho e suporte de redes familiares, sociais e sistemas de suporte que podem promover e manter a coesão social e familiar na comunidade:** quanto maior a familiaridade, a simpatia com relação aos relacionamentos interpessoais e noção de respeito pelo outro maiores as chances de não uso de substâncias.[8]
- **Espiritualidade/Religiosidade:** pesquisas[18,19,20] apontam que a religiosidade pode proteger adolescentes de comportamentos de risco para o uso de álcool e drogas. A religiosidade e normas sociais compartilhadas pouco permissivas para intoxicação álcoolica valorizada pelos pais, amigos próximos e colegas mantém uma forte associação protetora do consumo excessivo de álcool pelos adolescentes.[7]
- **Senso de pertencimento:** trata-se da crença subjetiva em uma origem comum, a qual une distintos indivíduos que se identificam e se percebem em si mesmos como membros de uma coletividade na qual símbolos expressam valores, crenças, tradições, medos e aspirações. Esse sentimento pode destacar características culturais, religiosas e raciais. Tal sentimento faz bastante sentido também para jovens imigrantes e, sobretudo, para adolescentes que se identificam como gays, lésbicas, bisexuais e transexuais. Quanto maior o senso de pertencimento, menores as chances de envolvimentos problemáticos e dependência de álcool e drogas.[6,10]
- **Altas expectativas para a juventude:** normas que estabelecem altos padrões culturais de comportamento para os jovens, incluindo normas claras relativas ao uso de álcool e drogas na comunidade.
- **Oportunidades de participação em grupos sociais saudáveis e reforçadores positivos:** alternativa para a juventude atuar de forma ativa e contribuindo com os membros da comunidade na participação, aprendizagem

cooperativa e tomada de decisões de grupos sociais ou de esportes. Seguem alguns exemplos: criação de grêmios e associações, participar no conselho deliberativo da escola ou no local de trabalho.

- **Desenvolvimento de competências, responsabilidade e resiliência**: a resiliência – definida como um processo capaz de superar os efeitos negativos da exposição ao risco, uma forma de lidar com experiências traumáticas ou evitar trajetórias negativas associadas a riscos –, principalmente, tem sido uma teoria bastante atrativa, chamando a atenção de pesquisadores e profissionais da área da saúde mental nos últimos 20 anos. A resiliência vem sendo considerada uma função protetora ou compensatória dos bens e recursos na ajuda aos jovens a resistir aos efeitos negativos da adversidade. A resiliência também pode ser aplicada a crianças migrantes e/ou abandonadas e institucionalizadas que estão em risco de internalização, como depressão, ansiedade e de externalização, como comportamento delinquente, uso de cigarro e álcool.[16]

Domínios da Prevenção

Além de avaliar os fatores de risco e de proteção, se faz necessário também avaliar os domínios que estes fatores podem interagir para proteção ou risco, como serão processados, interpretados e como exercerão influência nos indivíduos mediante às diversas situações. Os principais domínios são descritos a seguir[4]:

Domínio Pessoal/Individual

Trata-se de um dos domínios mais importantes e que contém variáveis não mutáveis, como predisposições genéticas e determinadas características biológicas. Também pertencem a este domínio as características como idade e gênero. Isto tem especial relevância, pois se sabe que os mais jovens, em especial os adolescentes, mostram-se com maior vulnerabilidade ao uso de substâncias psicoativas e que quanto mais precoce ocorrer a experimentação de álcool, cigarro e outras drogas, maiores as probabilidades do desenvolvimento de problemas relacionados a este uso. Quanto ao gênero, sabe-se que as mulheres são mais propensas a desenvolver dependência em curto espaço de tempo quando comparadas aos homens da mesma idade por possuírem características constitutivas biológicas como mais água corporal, menor atividade da enzima aldeído desidrogenase.[4]

A percepção de risco também é altamente relacionada ao uso ou ao não uso de substâncias, com destaque a altos índices de impulsividade, hostilidade, desinibição, alienação frente a valores sociais dominantes e altos índices de rebeldia. A atuação preventiva almeja fatores protetivos, como habilidades sociais, cooperação, estabilidade emocional, autoconceito positivo, flexibilidade, habilidade em resolução de problemas e baixos níveis de defesa. Na área emocional e parental inclui atenção parental aos interesses dos filhos, vínculo familiar, relacionamentos estruturados e participação dos pais nas atividades escolares dos filhos. Na área social, compromisso escolar, identificação familiar e satisfação, envolvimento religioso e crença em valores positivos compartilhados pela comunidade e pela família em que vivem.

Neste domínio se faz necessária a competência social que inclui habilidades de comunicação, responsividade, empatia, senso de humor, apoio e cuidado e senso de comportamento social, com habilidades em resolução de problemas, autonomia, independência e perspectiva de futuro.

Domínio Familiar

A família é uma das influências cruciais no desenvolvimento de crianças e adolescentes.[11] Alguns fatores de risco como privação econômica, supervisão e monitoramentos reduzidos ou inexistentes, ausência de apoio social, residência em regiões com altas taxas de crimes e roubos, empobrecimento em disciplina, resolução de problemas e gerenciamento familiar, bem como o uso de álcool e/ou drogas por parte de familiares e atitudes permissivas e positivas em relação a esses, mostram-se como um importante preditor do uso no início da adolescência e na vida adulta.

Uma intervenção preventiva almeja o estreitamento dos vínculos familiares, o aumento de níveis de afeto e a diminuição de críticas severas, a criação do senso de confiança e expectativas parentais realistas e positivas, com regras familiares claras e participação em conjunto nas decisões familiares.

Domínio Escolar

Um dos mais fortes preditores do uso de substâncias é o insucesso escolar. Apesar de ele ser influenciado pelas experiências da pessoa na primeira infância, no ambiente familiar e durante os anos pré-escolares, alguns fatores relacionados com a escola podem provocar problemas e disposições preexistentes, a destacar: *bullying*, ambiente escolar negativo, desordenado e inseguro; baixas expectativas dos professores em relação ao aluno e ausência de políticas escolares relacionadas ao uso de substâncias. Os principais fatores de proteção na escola são: ambiente com carinho e apoio, expectativas positivas e realistas, normas claras e as regras para o comportamento adequado, participação, responsabilidade e envolvimento dos jovens nas tarefas e decisões escolares.

Domínio dos Pares/Grupal

A influência negativa dos pares ou de um grupo de indivíduos é bem estabelecida como um dos fatores no início do uso de álcool e drogas entre os jovens e continua a ser importante até a idade adulta. A importância desta influência aumenta na adolescência.

No entanto, vale ressaltar que nem todos os jovens são igualmente suscetíveis a pressão dos pares ou de um grupo de indivíduos. Geralmente, jovens que são altamente influenciados por seus pares ou por grupos de garotos mais velhos em conflito com a lei ou pertentes a "gangues", por exemplo, podem apresentar uma visão negativa de si mesmos, se mostrarem menos confiáveis; e mais hostis, com maior probabilidade de desobedecer a adultos, quebrar regras pré-acordadas, ter menor interesse nos estudos e menor orientação positiva para o futuro.

Dada a importância crucial dos pares na adolescência, um dos maiores fatores de proteção em jovens é a habilidade de resistir às influências negativas com envolvimento positivo de pares em atividades do grupo, em competências sociais, resolução de problemas, assertividade e comunicação interpessoal.

Domínio Comunitário

Os fatores de risco listados a seguir têm uma influência direta na experimetação, abuso e desenvolvimento de dependência de substâncias na comunidade:

- Normas comunitárias que promovem ou permitem o uso de substâncias.
- Desigualdade Social / falta de capacitação.
- Falta de união e desorganização na comunidade: comunidade em condiçoes de vulnerabilidade e sem participação ativa de lideranças positivas.

- Alienação Cultural: percepção entre os jovens de que a cultura dominante não é relevante; que eles podem ser discriminados devido a sua cultura, religião, orientação sexual, expressão de gênero, imigração, raça ou etnia, ou ainda que pouco valor será agregado ao grupo.
- Políticas pouco efetivas e tolerantes ao uso de substâncias entre jovens. Exemplo. tolerância das vendas de tabaco e álcool para menores.
- Mensagens na mídia que estimulam o uso de substâncias entre jovens. Exemplo. programas de televisão e música popular que reforçam a mensagem que a diversão só pode ser alcançada se for com bebidas álcoolicas.
- Mensagens que estimulem o uso de substâncias entre jovens, especificamente em publicidade (distinta de outras mídias). Exemplo: publicidade de bebidas alcoólicas orientadas para a juventude, por meio da publicidade, com identidade de jovens, figuras públicas de grande impacto entre os jovens, etc.

Domínio da Sociedade

Os riscos em nível social são relevantes porque todos os sistemas anteriormente mencionados (os indivíduos, o grupo de pares, famílias, escolas e comunidades) existem dentro da sociedade. Alguns fatores de risco no domínio social estão relacionados à economia nacional, empregabilidade, condições financeiras, discriminação e marginalização de grupos, empobrecimento, empregos e subempregos, e consequentemente, a discriminação que contribui para uma sociedade que pode marginalizar grupos de pessoas, aumentando assim o risco para o uso/abuso de substâncias.

Políticas sociais podem trabalhar na proteção da experimentação de substâncias entre jovens.[3] Mensagens que promovem uso da substância por meio da mídia podem perder seu impacto se as crianças e adolescentes forem ensinadas a enxergar a mesma de forma crítica. Por outro lado, propagandas preventivas que descrevem os efeitos nocivos do uso das substâncias podem, por meio da reinterpretação do conteúdo, garantir que a mensagem seja compreendida entre os jovens. Adicionalmente, a diminuição da acessibilidade das substâncias também pode proteger a juventude de iniciar o uso. A acessibilidade a substâncias pode ser reduzida com uma variedade de estratégias de prevenção, tais como o aumento dos preços na tributação, o aumento da idade de compra com a aplicação de leis mais rigorosas[3], a orientação das famílias para diminuição do acesso às chamadas "farmácias domésticas", à geladeira repleta de cervejas e às adegas, onde há uma série de medicamentos e bebidas álcoolicas, produtos de higiene/beleza e outros produtos de limpeza que podem ser utilizados de forma indevida. Tal ênfase neste domínio tende a promover o desenvolvimento saudável das crianças e dos adolescentes, das famílias e das comunidades.

Modelos de Prevenção

Os principais modelos de prevenção sugeridos na literatura para desenvolver programas de prevenção ao uso indevido de drogas são[4]:

1. Modelo do amedrontamento: visa fornecer informações que enfatizam as consequências negativas do uso de drogas de modo dramático. A prevenção ao uso de substâncias psicoativas nestes moldes tem pouca eficácia, pois muitas vezes o medo parece ser um argumento pouco convincente frente ao suposto prazer que o adolescente atribui às drogas.

2. *Educação para o conhecimento científico:* visa o fornecimento de informações sobre substâncias psicoativas de modo imparcial e científico. A partir destas informações os jovens podem tomar decisões críticas e bem fundamentadas sobre seu padrão de consumo. Entretanto, cabe notar que informação em excesso e detalhista sobre os efeitos das diferentes drogas também pode ter o efeito contrário do almejado, ou seja, o de despertar a curiosidade e, portanto, induzir à experimentação. Para prevenir o uso de substâncias é preciso informar os jovens, mas também abordar e discutir o prazer e os riscos que eles atribuem a mesma como uma forma de conscientizá-los e desmistificar algumas crenças e concepções a cerca dos efeitos do uso de drogas. Suas principais ações são: oficinas e debates com profissionais de saúde; leitura de livros; discussão de filmes

3. *Treinamento para resistir:* desenvolver habilidades para resistir às pressões do grupo e da mídia para experimentação ou uso de substâncias. Para tanto, são desenvolvidos exercícios que treinam os jovens a recusar a substância oferecida. Durante muito tempo está foi uma das estratégias adotadas em campanhas dos Estados Unidos, sob o título *"Just say no"*. Sua eficácia não se mostrou consistente ao longo do tempo se aplicada de forma isolada.

4. *Treinamento de Habilidades Pessoais e Sociais:* entende-se que o ensino de habilidades e competências como um fator de proteção é necessário para lidar melhor com as dificuldades da vida. Procura desenvolver também competências mais gerais, tais como lidar com a timidez ou como desenvolver amizades saudáveis.

5. *Pressão de Grupo Positiva:* esta pressão dos pares ocorre, por exemplo, quando os adolescentes começam a pensar "todo mundo está fazendo isso" e, portanto, devo fazer

também. Tal pressão é mais manifesta do que a pressão para fazer amigos e é por vezes, instigada por amigos mais velhos. O modelo da pressão de grupo positiva acredita que os próprios jovens podem liderar atividades de prevenção. Líderes naturais entre os adolescentes são identificados e treinados por adultos para desenvolver ações preventivas.

6. *Educação afetiva:* defende que jovens emocionalmente e psicologicamente saudáveis correm menos riscos de ter um uso problemático de substâncias psicoativas. Este modelo visa o desenvolvimento interpessoal dos jovens estimulando e valorizando a autoestima, a capacidade de lidar com a ansiedade, a habilidade de decidir e relacionar-se em grupo, a comunicação verbal e a capacidade de resistir às pressões de grupo.

7. *Oferecimento de alternativas:* trata da oferta de desafios e alívio do tédio. Pretende-se oferecer alternativas interessantes e saudáveis ao uso de substâncias, propiciando aos jovens possibilidades de lazer, prazer e crescimento pessoal. Exemplos dessa alternativa podem ser atividades profissionalizantes, esportivas, artísticas e culturais, além do desenvolvimento de atividades de monitoria ou ajuda mútua entre os alunos, usando para isso alunos com melhor desempenho escolar em auxílio àqueles com desempenho inferior ou alunos de séries mais adiantadas, devidamente preparados para contribuir com seus colegas.

8. *Modificação das condições de ensino:* sugere a modificação das práticas educacionais, a melhoria do ambiente escolar, o incentivo a responsabilidade social, o comprometimento da escola com a saúde dos seus alunos, o envolvimento dos pais em atividades curriculares, e a inserção do tema em sala de aula como atitudes importantes na prevenção ao uso de drogas. Neste, a preocupação incide na formação integral dos jovens; as iniciativas devem ser intensas e duradouras, iniciando na pré-escola e abrangendo pais, professores/educadores e a comunidade.

9. Educação para a saúde ou para o estilo de vida saudável: educar para uma vida saudável é a proposta central deste modelo. Assim, orientar para uma alimentação adequada, para atividades não propiciadoras de estresse, para uma vida sexual segura, para a prática de exercícios físicos, para uso adequado de remédios e até mesmo para a escolha correta da pessoa que dirigirá o carro num passeio de grupo. Portanto, compõem um currículo em que a orientação sobre os riscos do uso de substâncias psicoativas também se faz presente. Muitas vezes são discutidos temas mais gerais como meio ambiente, poluição e trânsito visando na formação do estudante uma maior consciência sobre determinadas problemáticas do mundo que o cerca, a ter a capacidade de escolher por uma vida mais saudável para si, para sua família e para sua comunidade.

10. Modelo Moral: acredita-se que o uso e problemas decorrentes do consumo de álcool e substâncias estão associados a uma característica relativa a moral dos indivíduos envolvidos. É como se este indivíduo tivesse uma "falha em seu caráter" e por isso apresenta estes problemas. Este modelo está em completo desuso na atualidade, muito embora durante tempos tenha sido o modelo explicativo para a questão.[3] O modelo moral compreende que os indivíduos são considerados responsáveis tanto pelo início e desenvolvimento do problema, quanto pelas suas soluções e ainda acredita que eles necessitam apenas de motivação apropriada. Uma das principais limitações do modelo moral é que as pessoas são levadas a sentir-se culpadas pelo desenvolvimento do problema e a pensar que, de alguma forma, lhes faltam "força de vontade" por não conseguirem alterar com sucesso seu comportamento.[14]

11. Modelo médico ou de doença: compreende o abuso e os problemas com álcool e substâncias do ponto de vista científico, como síndrome de dependência, ou seja, um dos transtornos mentais mais prevalentes na sociedade atual. Trata-se de uma morbidade de caráter crônico, passível de muitas recaídas e responsável por inúmeros prejuízos clínicos, sociais, trabalhistas, familiares e econômicos.[3] A intervenção preventiva, nesse modelo, centra-se no valor que as pessoas dão à saúde e fundamenta a educação no conhecimento da ação e nos prejuízos de determinadas substâncias sobre o organismo, bem como nas modificações que provocam sobre o comportamento e atitudes das pessoas. Esse modelo considera que o indivíduo conscientizado pela educação recebida evita o uso abusivo.[14]

12. Modelo de saúde pública: a aplicação de conhecimentos (médicos ou não) com o objetivo de organizar sistemas e serviços de saúde e de atuar em fatores condicionantes e determinantes do processo saúde-doença e assim, controlar a incidência e a prevalência de doenças nas populações por meio de ações de vigilância e intervenções governamentais, com influência de fatores econômicos e sociais. Compreende os problemas do consumo de substâncias dentro de uma perspectiva de doença e de saúde, a qual tem uma repercussão na coletividade. Ademais, é com frequência associada a situações de violência (sexual, doméstica, suicídio, assalto, homicídio), acidentes de trânsito e traumas.[3]

13. Modelo do aumento do controle social: compreende que o uso e os problemas decorrentes do consumo de álcool, tabaco e outras drogas necessitam de regras claras de controle social, tais como: taxação, proibição de venda para menores, proibição do beber e dirigir, restrição de propagandas, restrição de horários de consumo, restrição de locais de venda de bebidas e cigarros, a fim de que haja minimização dos danos à sociedade causados pelo consumo.[3]

14. Modelo de aprendizagem social: para Bandura[1], principal autor expoente na área e defensor deste modelo, o homem não é totalmente influenciado pelo meio, pois suas reações e estímulos são autoativadas. Assim, na teoria social e cognitiva, o homem não é visto como um ser passivo dominado pelas ações ambientais, mas sim como um ser influente em todos os processos. O comportamento não precisa ser reforçado para ser aprendido ou adquirido, o homem aprende e adquire experiências observando as consequências dentro do seu ambiente, assim como as vivências das pessoas com os quais convive. Este modelo entende que a aprendizagem social é uma ferramenta importante, já que se trata da aprendizagem de novos comportamentos a partir da observação de modelos comportamentais de adultos por crianças, como também de mídias diversas tais como televisão, *videogames*, quadrinhos, etc.[1]

15. Modelo de enfrentamento de estressores: estratégias de enfrentamento são esforços cognitivos e comportamentais para lidar com situações de dano, de ameaça ou de desafio quando não estão disponíveis a uma rotina ou a uma resposta automática. Apenas esforços conscientes e intencionais são considerados estratégias de enfrentamento e o estressor deve ser percebido e analisado como algo ameaçador. Na prevenção, este modelo visa ensinar formas de desenvolvimento de habilidades e resiliência frente a adversidades, dificuldades ou situações que podem, em geral, causar *stress* e levar à experimentação e abuso/dependência de drogas como forma de lidar com estes estressores.

16. Modelo Racionalista: o racionalismo é uma corrente filosófica que iniciou o conceito do raciocínio como uma operação mental, discursiva e lógica, a qual usa uma ou mais proposições para extrair conclusões. Em outras palavras, avalia se uma proposição é verdadeira, falsa ou provável. Essa foi a ideia central comum ao conjunto de doutrinas conhecidas tradicionalmente como racionalismo. O racionalismo é, em parte, a base da Filosofia, ao priorizar a razão como caminho para alcançar a verdade. Na prevenção, este modelo visa por meio do raciocínio - enquanto uma operação mental, discursiva e lógica - priorizar a busca da razão a obter o entendimento de processos individuais para proposições da experimentação e manutenção do consumo de substâncias.

17. Modelo Social: concebe a problemática do consumo de álcool e das drogas como resultado de um número de forças sociais. A sua explicação a respeito do uso de substâncias enfatiza a função do meio cultural, com suas crenças, valores e atitudes que conduzem a comunidade ou seus grupos específicos no caminho da abstenção ou do uso de drogas. É um modelo ambientalista que destaca a importância do ambiente na conduta do indivíduo, na interação de elementos sociológicos (do grupo ou subcultura a qual ele pertence) e culturais (costumes e tradições). A ação preventiva proposta por esse modelo tem como objetivo fundamental a mudança nas condições sociais dirigidas a grupos marginalizados, visando a melhora da qualidade de vida e sua integração na comunidade.[14]

Considerações Finais

Recente estudo nacional, conduzido por Pereira e colaboradores (2016)[12], constatou que apenas 42,5% das escolas avaliadas por meio dos 263 dirigentes escolares do município de São Paulo possuíam programa de prevenção ao uso de drogas. Observou-se que a cada ano de atuação do dirigente na educação, a chance da escola ter um programa aumentava em aproximadamente 4%. O fato de experimentar técnicas de ensino inovadoras também aumentou em cerca de 6 vezes a chance de a escola desenvolver um programa de prevenção ao uso de drogas. As dificuldades na implantação dos programas foram mais presentes nas redes estadual e municipal, quando comparadas à rede privada, destacando-se: a falta de material didático, a falta de verba/orçamento e as demandas concorrentes para ensino de outras disciplinas.[12]

A partir desta experiência, é possível perceber que prevenção não é uma tarefa fácil, pois exige perseverança e, sobretudo, uma vasta gama de atores e personagens interagindo entre si, a fim de diminuir os fatores de risco, aumentar os fatores de proteção em diferentes domínios e em vários modelos. O uso das substâncias e o comportamento humano são questões complexas que requerem enfoque holístico de modo contínuo em vários focos.[14] No entanto, cada pequena conquista significa muito na aquisição e na proteção de crianças, adolescentes e adultos jovens e as estratégias lúdicas e interativas podem ser mais uma ferramenta importante na implementação da prevenção.

Referências

1. BANDURA, A. *Social foundations of thought and action*: A social cognitive theory. Englewood Cliffs, NJ: Prentice-Hall, 1986.

2. CLEVELAND, MJ. et al. *Does individual risk moderate the effect of contextual-level protective factors? A latent class analysis of substance use.* J PrevInterv Community, 2010. 38(3): 213-28.

3. DIEHL, A; CORDEIRO, DC; LARANJEIRA, R. *Prevenção, Tratamento e Políticas Públicas.* Editora Artmed/Grupo A: Porto Alegre, 2011.

4. DIEHL, A.; FIGLIE, N. Prevenção ao Uso de Álcool e Drogas. O que cada um de nós pode e deve fazer? Um guia para pais, professores e profissionais que buscam um desenvolvimento saudável para crianças e adolescentes. IN: *Fatores de risco e fatores de proteção.* Editora Artmed/Grupo A: Porto Alegre, 2014. p. 39-49.

5. GARCIA, F. et al. *Vulnerabilidades e Uso de Drogas*. Belo Horizonte: 3i Editora, 2016.

6. GOLDBACH, JT. et al. *Minority stress and substance use in sexual minority adolescents*: a meta-analysis. Prev Sci: 2014 Jun. 15. (3):350-63. doi: 10.1007/s11121-013-0393-7.

7. GRYCZYNSKI, J; WARD, BW. *Religiosity, heavy alcohol use, and vicarious learning networks among adolescents in the United States*. Health EducBehav, 2012 Jun. 39(3): 341-51. doi: 10.1177/1090198111417623. Epub: 2011 Oct 10.

8. MA, M. et al. *Cultural Assets and Substance Use Among Hispanic Adolescents*. Health EducBehav, 2016 Jul 21. pii: 1090198116659440. [Epub ahead of print]

9. MORALES, BN. et al. *Risk and protection factors related to the consumption of psychoactive substances in undergraduate nursing students*. Rev. Lat Am Enfermagem, 2011 Jun 19. Spec Nº: 673-83.

10. NAPOLI, M.; MARSIGLIA, FF.; KULIS, S. *Sense of Belonging in School as a Protective Factor Against Drug Abuse Among Native American Urban Adolescents*. J Soc Work Pract Addict, 2003 Mar 1. 3(2):25-41.

11. PAYÁ, R. *Intervenções Familiares para Abuso e Dependência de Álcool e outras Drogas*. São Paulo: Editora Gen/Roca, 2017.

12. PEREIRA, AP; PAES, AT; SANCHEZ, ZM. *Factors associated with the implementation of programs for drug abuse prevention in schools*. Rev. Saúde Pública, 2016, 4; 50:44. doi: 10.1590/S1518-8787.2016050005819.

13. PEREIRA, CA. et al. IN: Prevenção ao Abuso de Álcool e outras Drogas. FIGLIE, NB; BORDIN, S; LARANJEIRA, R. *Aconselhamento em Dependência Química*. 2 ed. Editora Roca: São Paulo, 2012.

14. PILLON, SC.; LUIS, MAV. *Modelos explicativos para o uso de álcool e drogas e a prática da enfermagem*. Rev. Latino-Am.

Enfermagem vol. 12 nº. 4. Ribeirão Preto, 2004. <http://dx.doi.org/>. 10.1590/S0104-11692004000400014.

15. SENREICH, E.; OLUSESI, OA. *Attitudes of West African Immigrants in the United States toward Substance Misuse*: Exploring Culturally Informed Prevention and Treatment Strategies. Soc. Work Public Health, 2016. 31(3):153-67. doi: 10.1080/19371918.2015.1087919. Epub: 2016 Mar 8.

16. WANG, JL.; ZHANG, DJ.; ZIMMERMAN, MA. *Resilience theory and its implications for chinese adolescents.* Psychol Rep. 2015 Oct. 117(2):354-75. doi: 10.2466/16.17.PR0.117c21z8. Epub: 2015 Oct 7.

17. WILLS, TA. et al. *Emotional self-control and dysregulation*: A dual-process analysis of pathways to externalizing/internalizing symptomatology and positive well-being in younger adolescents. Drug Alcohol Depend. 2016 Jun 1; 163 Suppl 1: S37-45. doi: 10.1016/j.drugalcdep.2015.08.039.

18. Sloboda Z., Bukoski W.J. Handbook of Drug Abuse Prevention: theory, Science and practice.Kluwer Academy/ Plenum Publishers: New York: NY, 2003, pp: 101-127.

19. Hodge RD., Andereck,K., Harry Montoya, MA. Protective Influence of Spiritual-Religious Lifestyle Profiles on Tobacco Use, Alcohol Use, and Gambling. Social Work Research, Volume 31, Issue 4, 1 December 2007, 211–219.

20. Wills TA, Yaeger AM., Sandy JM. Buffering effect of religiosity for adolescent substance use.Psychology of Addictive Behaviors, Vol 17(1), Mar 2003, 24-31.

CAPÍTULO 2

COMO COMUNICAR A PREVENÇÃO: MOTIVAR PARA A MUDANÇA

Neliana Buzi Figlie

Introdução

O usuário de substâncias é sempre um cliente desafiador frente a um profissional, sobretudo na adolescência. A adolescência é uma fase de descobertas, de desafios e nela as substâncias psicoativas são conhecidas. Inicialmente o contato se dá com as substâncias licitas, com destaque para as bebidas alcoólicas.

Vinte anos de pesquisa revelou que a maior proporção de bebedores pesados e pessoas com transtornos relacionados ao álcool e outras substâncias engloba mais de 90% de todos os estudantes universitários matriculados, a maioria destes entre as idades de 18 e 21 anos. Bebedores de álcool são mais propensos a terem sido insultados por terceiros; confrontados com investidas sexuais não desejadas; terem sido vítimas de estupro ou agressão sexual; terem se envolvido em brigas e discussões; terem tido seus bens danificados; terem vivido atividade sexual não planejada; apresentarem maior suscetibilidade de contrair doenças sexualmente transmissíveis; terem maior risco de serem vítimas de ferimentos fatais ou de provocarem ferimentos fatais; bem como, dirigirem embriagados[11].

O lado positivo é que, neste contexto, os jovens sempre vão interagir com pessoas que estão preocupadas com sua saúde e integridade. Na maioria das vezes, estas pessoas, não são especialistas em Dependência Química, mas por outro lado, há pessoas com pouco ou nenhum conhecimento na área que podem impactar positivamente estes jovens[4]. Dessa forma a importância do profissional, seja no contexto da educação, da saúde, empresarial, social ou da justiça, atentar-se a postura e a maneira de acolher a pessoa que, involuntariamente ou por busca espontânea, procura ajuda: o que varia é a forma de se expressar.

A questão é: como causar este impacto positivo?

Não se trata de uma pergunta simples de ser respondida, mas a forma utilizada para que esse impacto aconteça pode ser mais fácil desde que se saiba ouvir e expressar a real aceitação e preocupação com a pessoa que está à frente, ao valorizar suas potencialidades, ao apoiar sua autonomia e enfatizar seus valores.

O objetivo desse capítulo é compartilhar sugestões e alternativas que aprimorem a escuta e a comunicação efetiva entre aquele que almeja ajudar e aquele que precisa ser orientado, por meio da Entrevista Motivacional.

O que é Entrevista Motivacional (ETM)?

A Entrevista Motivacional (ETM), a EM, é um estilo de comunicação colaborativa orientado para favorecer a mudança, sendo esse seu objetivo específico. Tem como finalidade fortalecer a motivação pessoal para um compromisso com a mudança, recolhendo e explorando as próprias razões da pessoa dentro de uma atmosfera de aceitação e compaixão[6].

Desenvolvida originalmente pelos psicólogos William Miller e Stephen Rollnick na década de 1980[8], representa um estilo clínico habilidoso que tem por objetivo evocar as motivações internas das pessoas para fazerem mudanças comportamentais de acordo com os interesses que estas têm para a melhoria de sua saúde[6,9].

Por se tratar de uma abordagem com uma meta específica, a qual é resolver a ambivalência, é compreendida com caráter de intervenção breve, podendo assim, ser utilizada por uma ampla gama de profissionais em diferentes serviços. Vale destacar que, atualmente, ela tem sido amplamente difundida nas áreas da saúde, social, justiça e educação, mas não se trata de uma linha de psicoterapia[6,9].

As premissas básicas que auxiliam o profissional na prática da EM são:

- Empatia, congruência e espírito colaborativo são fundamentais para o aumento da motivação rumo à mudança.
- Adoção de um estilo calmo e eliciador.
- Considera a ambivalência natural: a motivação para a mudança deve ser eliciada no cliente e não imposta.
- O relacionamento *cliente-profissional* deve ser colaborativo e amigável.
- A resistência pode ser reduzida ou aumentada pelas interações interpessoais: o profissional é direcional em auxiliar o cliente a examinar e resolver sua ambivalência.
- Os clientes são responsáveis pelo seu progresso: o profissional atua como um facilitador no processo, estimulando e apoiando a autoeficácia do cliente.

A ETM oferece a perspectiva de reconhecer as potencialidades do cliente; ajuda-o a acreditar que tem recursos e capacidade para estruturar mudanças positivas em sua vida; trata-o gentilmente; reforça a autonomia e a responsabilidade pessoal e trabalha de forma a evocar a esperança e o desejo de mudança, com uma atitude de respeito, parceria, colaboração e apoio.

A postura na Entrevista Motivacional

A postura na Entrevista Motivacional implica a presença de quatro atitudes preponderantes do profissional em relação ao seu cliente: parceria, aceitação, evocação e compaixão[6]. Quando estes quatro constructos se unem surge a ETM, que convida os profissionais a se unirem ao cliente formando uma parceria, em um clima de aceitação e compaixão, que proporciona a evocação de seus motivos, desejos, valores e argumentos, a fim de que este explore e resolva sua ambivalência – **Figura 1**.

Figura 1 – O Espírito subjacente à Entrevista Motivacional[6]

- A parceria está relacionada à cooperação que deve haver entre o profissional e o cliente. O diálogo se estabelece de forma colaborativa, ativa e o processo decisório é feito em conjunto, partindo do pressuposto de que somente o cliente pode efetuar a mudança.

Nesta perspectiva, a EM convida o profissional a construir em seu trabalho uma postura equilibrada na tensão entre seguir o indivíduo e também guiá-lo. O profissional e o cliente procuram juntos as saídas. Se, ainda assim, o cliente considerar inviável alcançar a saída, o profissional continua o processo junto com ele. Trata-se de uma proposta do possível em detrimento da proposta do ideal para a pessoa. A adesão se dá pela própria permanência da caminhada em conjunto.

Dúvida Frequente: por vezes, o cliente tem uma decisão diferente daquela apresentada pelo professor ou empregador. Exemplo: deseja manter o consumo de substâncias psicoativas. Neste contexto, o profissional pode expor sua inquietude e demonstrar sua discordância como uma forma de preocupação com a integridade do cliente. Mas, mesmo discordante, ele deve mostrar-se aberto a seguir ajudando-o dentro das possibilidades que permite o regimento escolar ou a política pública da empresa.

- A aceitação requer respeito pela autonomia da pessoa, no sentido de que ela fará escolhas no curso de sua vida. Os profissionais podem informar e aconselhar, entretanto é o cliente que vai decidir o que fazer, quando e como. Reconhecer e respeitar essa autonomia são condições fundamentais para facilitar a mudança do comportamento de risco. Ao se sentir coagido e forçado a agir, o cliente, geralmente, resiste à mudança. Paradoxalmente, o reconhecimento do direito e da liberdade do outro é o que torna a mudança possível. Isso requer que o profissional abra mão da persuasão e valorize o seu cliente, por meio da empatia na comunicação, do respeito e da oferta de apoio constante.

Aceitar a pessoa não significa necessariamente que o profissional aprova ou endossa o *status quo* ou as ações que ela tem: se o profissional aprova ou reprova é irrelevante. A aceitação consiste no reconhecimento do valor absoluto que o cliente dá aos seus argumentos e razões, na empatia acurada, no suporte à autonomia do cliente e no reforçamento positivo de falas e posturas em prol da saúde e da integridade do cliente.

Dúvida Frequente: suponha que um jovem tem a meta de não usar nenhuma substância psicoativa, mas ele trabalha uma vez na semana como DJ. O profissional necessita avaliar se este jovem consegue focar em seu ofício em detrimento de sua vontade/desejo. Se o jovem conseguir focar no trabalho, pode ser que ele crie habilidades para manter a abstinência. No entanto, é importante o que o profissional trabalhe os fatores de risco, os desafios e as estratégias de enfrentamento nessa situação.

- A evocação consiste em ativar a motivação e os recursos inerentes do cliente para a mudança. Para tanto, o profissional parte dos valores, dos interesses e das perspectivas do seu cliente ao propiciar um ambiente estimulante para que a pessoa evoque suas próprias razões e argumentos em favor da mudança.

  Evocar quer dizer lembrar, recordar e motivação vem de motivo, o que quer dizer aquilo que pode fazer mover, motor que causa ou determina alguma coisa. A motivação é um recurso interno. A proposta da evocação é de ajudar o cliente a se recordar de elementos próprios e únicos que podem se tornar motivos para que haja uma mudança de comportamento.

  Neste sentido, os autores da EM chamam a atenção para que os profissionais tenham cuidado e não se deixem influenciar por uma conduta a qual intitulam "reflexo de endiretamento"[6], a qual seria o desejo do profissional de tentar corrigir no outro aquilo que lhe parece errado, modificando o curso das ações a partir de suas próprias perspectivas ou do local de trabalho.

A EM parte do pressuposto de que o cliente é que tem a verdade ou as respostas para os questionamentos. Cabe ao profissional evocar estas informações e atribuir a responsabilidade ao indivíduo quanto a este saber interno.

Dúvida Frequente: por mais que o cliente opte pelo uso de substâncias, a meta do profissional será a de compreender os motivos que o levam a manter o uso como a melhor opção. Exemplo: um jovem tímido que necessita beber para poder interagir com os amigos. Evocar deste jovem os motivos que o levam a sentir tamanha timidez e mostrar-se disposto a ajudá-lo a melhorar sua vida de comunicação pode ser mais motivador do que simplesmente recomendar mudar seu hábito de beber. O hábito de beber será trabalhado posteriormente após a normalização da emoção no que tange a dificuldade de comunicação.

- Compaixão

  Na ETM, não basta que o profissional se abstenha de interagir negativamente julgando, culpando ou criticando seu cliente. É necessário ir além, apresentando-se de forma positiva, atenciosa e num clima de aceitação. O trabalho realizado, segundo os fundamentos da Entrevista Motivacional, deve inspirar a mudança e fortalecer o compromisso, e para isso acontecer, com certeza, há o envolvimento do funcionamento de todas as nossas emoções – incluindo a capacidade de amar, ter esperança, interesse, compaixão e alegria[3] .

  A compaixão pode ser compreendida como um meio de tentar fazer o profissional se aproximar mais verdadeiramente do cliente e não do problema dele. Uma vez que o profissional consegue ter acesso à unicidade de cada cliente, torna-se possível uma melhor compreensão das complexidades individuais, as quais dificultam as mudanças de comportamento. Trata-se de um ato de aproximar-se para verdadeiramente ajudar.

Parafraseando o conceito de compaixão com um antigo proverbio chinês: *Se deres um peixe a um homem faminto, vais alimentá-lo por um dia. Se o ensinares a pescar, vais alimentá-lo toda a vida"*. Assim, a compaixão vai além da empatia. Ilustrando com o exemplo do provérbio: dar o peixe seria empatia e ensinar a pescar seria ensinar-lhe uma habilidade que proporcionaria autonomia.

<u>Dúvida Frequente</u>: um jovem que usa maconha e que se mostra como uma liderança importante na escola. O profissional, ao conversar com ele, descobre que não usa bebidas alcoólicas porque seu pai é alcoólatra e agride fisicamente sua mãe ao beber em demasia. O referido jovem tem como premissa ser diferente do pai e por isso optou por não usar bebidas alcoólicas e apenas usar maconha, devido à sensação de calma e relaxamento que ela provoca. Se o profissional olhar o jovem citado pelo aspecto moral, ele concluirá que o mesmo age como o pai (dependência química). Contudo, se ele olhá-lo compassivamente, poderá visualizar como é importante que o jovem se diferencie deste pai e daí a importância de trabalhar essa motivação para a abstinência.

Metodologia da Entrevista Motivacional

A metodologia da ETM consiste no emprego de reflexões, reforços positivos, resumos e perguntas abertas em uma relação 2-1, ou seja, a utilização de pelo menos duas estratégias para cada pergunta. Esse método foi desenvolvido para auxiliar o profissional a estruturar seu diálogo com o cliente que tem condições propícias para falar ao máximo o que sente em relação ao comportamento prejudicial e à possibilidade de mudar sua atitude. Este método não permite que a consulta gire em torno de um interrogatório investigativo repleto de perguntas fechadas, nas quais restam ao cliente apenas duas opções de resposta: sim ou não [6,9,2].

Conhecida também pelo acrônimo de PARR (em inglês OARS), este método de entrevista estrutura-se em[6,9,2]:

P	(Fazer) Perguntas Abertas
A	Refletir
R	Afirmar – Reforço Positivo
R	Resumir

+ Oferecer informações

1. Fazer perguntas abertas

Uma boa maneira de iniciar a conversa é fazer as perguntas encorajando o cliente a falar o máximo possível. As perguntas abertas são aquelas que não podem ser respondidas facilmente com uma palavra ou frase simples. Algumas pessoas falam com muita facilidade, outros são mais defensivas e precisam de encorajamento. Nesse caso, a maneira como o profissional faz as perguntas influenciará fortemente nos próximos acontecimentos.

Conheça alguns exemplos de perguntas iniciais:

- "Como posso te ajudar?"

- "Quais são os motivos que te levam a fumar?"
- "Fale-me sobre seu hábito de beber".
- Fale-me como você está se sentindo diante de tudo que aconteceu aqui na escola.
- Conte-me desde o início como você começou a beber.

Na Entrevista Motivacional, não é recomendado o uso de perguntas em demasia, principalmente de forma consecutiva. A ideia central é fazer sempre uma pergunta para cada duas outras estratégias como resumos, reforços positivos, reflexões e oferecimento de informações.

2. Afirmação – Reforço positivo

O reforço positivo é uma das peculiaridades na Entrevista Motivacional. Ele pode ser realizado por meio de apoio, elogios e oferecimento de apreciação e compreensão por parte do profissional. É importante ter em mente a ideia de elogiar comportamentos, situações ou pensamentos que ocorram realmente na relação terapêutica ou que o profissional tenha evidências concretas de sua existência, pois, caso contrário, se não for verdadeiro, o reforço positivo pode funcionar como uma barreira para escutar o cliente.

Exemplo:

Cliente: Acho que eu preciso ter paz nas minhas sextas-feiras à noite.

Profissional: Boa ideia! (**reforço positivo**) Entendo que você deseja ter sextas-feiras mais calmas (**reflexão**). Como você poderia fazer isso ?

Cliente: Bom, talvez sendo o motorista da noite. Se eu estiver com a responsabilidade de dirigir, não vou beber.

Profissional: Ótima ideia! (**reforço positivo**)

3. Refletir

Trata-se da principal estratégia na ETM e deve ser empregada numa proporção substancial durante o início da conversa – principalmente com pessoas ainda muito ambivalentes em relação à mudança. O elemento crucial na escuta reflexiva é como o profissional responde ao que o cliente diz.

O processo de escuta ativa requer: atenção cuidadosa ao que o cliente diz; visualização clara do que foi dito; formulação da hipótese concernente ao problema, sem suposições ou interpretações e articulação da hipótese por meio de uma abordagem não defensiva.

Thomas Gordon[5] esboçou o modelo do pensamento reflexivo. Tal modelo auxilia o profissional a relacionar a fala do cliente com o que foi ouvido pelo profissional, associando-a ao pensamento do profissional sobre o que o cliente queria dizer. Com isso, o profissional pode conectar o que o cliente queria dizer com o que, de fato, foi dito. Para que a escuta reflexiva ocorra, esse processo deve ser horizontal, objetivo e direto, conforme ilustra a **Figura 2**.

Figura 2 – Pensamento Reflexivo: Modelo de Thomas Gordon[5].

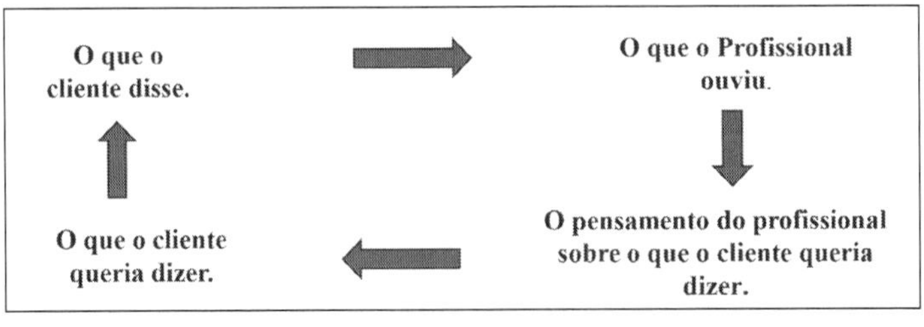

A ideia é que a fala do profissional não sofra interferência deste, em termos dos seus valores, suposições, personalidade, crenças, entre outros aspectos. Tal postura na realização de uma escuta reflexiva não impede que o profissional experimente uma atitude calorosa, positiva e de aceitação para com seu cliente, desde que o profissional deixe claro que aquela é a impressão, visão ou compreensão dele acerca do cliente na realização de uma reflexão. A transformação pessoal é facilitada quando o profissional é aquilo que é, quando as relações com o cliente são autênticas, exprimindo abertamente seus sentimentos e atitudes no momento em que ocorrem[6,5].

Ao refletir, o profissional se envolve na relação, mas, ao mesmo tempo, precisa ser fiel ao que o cliente disse. As relações com o cliente são autênticas e precisam permitir que ele exprima abertamente seus sentimentos e atitudes sobre o seu comportamento e o processo de mudança. Oferecer uma escuta reflexiva requer treinamento e prática para que o profissional também pense reflexivamente. Vale destacar que uma reflexão sempre termina com um ponto final. Quando a fala do profissional dirige-se a uma interrogação ou exclamação deixa de ser uma reflexão.

Para avaliar se a reflexão feita foi efetiva, basta analisar a reação do cliente: caso ele expresse concordância, a postura do cliente não é defensiva, ele se sente estimulado a falar mais, apresentando uma postura verbal mais relaxada ou motivada; houve êxito. Por outro lado, se o cliente começar a advertir ou ameaçar, persuadir, argumentar, discordar, julgar, criticar ou culpar, retrair, distrair, ser indulgente ou mudar de assunto; esses são indicativos claros de que a reflexão não foi eficaz e cabe ao profissional reformular sua maneira de atuar.

Avaliar a comunicação não verbal, com base na recepção do que foi refletido, também é imprescindível. As pessoas não se comunicam apenas por palavras. O próprio modo de manter e conduzir o corpo e o rosto são uma forma de expressão. Os movimentos faciais e corporais, os gestos, os olhares, a entonação de voz são elementos não verbais importantes da comunicação. O comportamento não verbal pode ser uma reação involuntária ou uma atitude comunicativa propositada. É indispensável observar: a expressão facial; o movimento dos olhos; os movimentos da cabeça; a postura e os movimentos do corpo; a qualidade, a velocidade e ritmo da voz e a aparência.

Exemplo de uma escuta reflexiva

Profissional: Marcelo, em maio desde ano aconteceu o episódio dos funcionários te encontrarem fumando no banheiro da escola. Na ocasião, conversamos com você e seus pais e você disse que não iria acontecer de novo. Nesta semana, recebi o comunicado dos seguranças de que você estava fumando na porta da escola. Hoje, estou com seu boletim em mãos e as suas notas diminuíram em média 40% se comparadas com o bimestre anterior (Profissional coloca a queixa). Como você entende essa situação? (**pergunta aberta**)

Cliente: Não imaginava que minhas notas iriam cair tanto assim. Acho que vacilei.

Profissional: Você me parece surpreso com o seu boletim (**reflexão**).

Cliente: É! Não vai ser fácil encarar meus pais ! Eu sei que acabei estudando menos do que deveria.

Profissional: Me parece que você está preocupado com a reação dos seus pais, mas por outro lado percebe que não fez a sua parte (**reflexão**).

Cliente: É ! Eu realmente acho que a maconha me acalma. Mas meus pais não entendem assim. Eu só fumo de final de semana para relaxar e isso nada tem a ver com as minhas notas. Os seguranças me viram ontem, mas foi uma exceção. As notas estão baixas porque eu não estudei.

Profissional: Parece que a maconha te acalma, mas seus pais não tem a mesma percepção (**reflexão**).

Cliente: Não e nem vocês!

Profissional: Marcelo, a maconha tem como efeito uma sensação de calma e relaxamento, mas também sei que ela causa alterações na memória e na atenção. Você sempre foi um excelente aluno nessa escola, mas, coincidentemente ao fato de você usar maconha, suas notas caíram muito (**oferecer informação**).

Cliente: Eu vou melhorar isso!

Profissional: Me parece que você quer mudar esta situação (**reflexão**).

Cliente: Este é o meu último ano na escola. Eu quero me formar!

Profissional: Entendo que é importante para você se formar (**reflexão**).

Cliente : Sim e eu não posso vacilar mais!

Profissional: Parece que está me dizendo que terá que fazer algumas escolhas (**reflexão**). Estou aqui para tentar ajudá-lo a encontrar alternativas (**profissional se coloca em parceria**). O que você acha de pensarmos juntos em como resolver esta situação? (**pergunta aberta**)

Cliente: Acho que vou precisar!

4. Resumir

Resumos podem ser utilizados para articular os assuntos discutidos e demonstrar ao cliente que ele foi ouvido, além de funcionarem como estratégia didática para que o cliente possa organizar suas ideias. Podem ser especialmente úteis para a ambivalência, pois permitem ao cliente examinar os pontos positivos e negativos simultaneamente.

Na Entrevista Motivacional, os resumos podem ser trabalhados em vários momentos da sessão, ou seja, quando o cliente expõe várias ideias simultaneamente. Além disso, a técnica funciona como forte indício para o cliente saber se é ouvido atentamente pelo profissional e esse fato persevera menor resistência.

Veja o exemplo a seguir:

"Estou entendendo que não o agrada ter pessoas criticando-o ou dizendo o que você deve fazer e que o seu uso de maconha tem causado muitos problemas entre você, sua namorada e sua família. Você me parece muito preocupado com o risco de perder sua namorada, repetir o ano e as coisas ficarem ainda piores. Você também me disse que tem gastado muito dinheiro e tempo com maconha e que isso tem prejudicado seus estudos e sua vida financeira".

5. Informar e aconselhar

A EM entende que o manejo de clientes ambivalentes no auxílio ao movimento para a mudança é bastante particular e, por este motivo, requer intervenções específicas. Neste contexto, percebe-se como errônea é a crença de que o profissional não pode aconselhar ou dar informações aos clientes. A EM encoraja os profissionais a dar informações e conselhos, principalmente quando os clientes pedem, desde que estes sejam importantes e complementares ao processo de construção e descoberta deles.

Veja o exemplo a seguir:

Profissional: Marcelo, diante de tudo que conversamos, se você me permite, gostaria de te dar algumas informações que podem te ajudar a entender o que você tem fumado.

É a concentração do THC que determina a potência dos efeitos da maconha que você fuma. Essa concentração depende das condições em que a planta cresceu, de suas características genéticas e da combinação de diferentes partes da planta. A concentração de THC também varia entre as três formas mais comuns da *Cannabis sativa*: a maconha, o haxixe e o óleo de *hash*. A maconha é a forma mais utilizada no Brasil. Trata-se da mistura das folhas, sementes, caules e flores secas da planta.

Há evidências de que nos últimos anos a concentração de THC na maconha vem aumentando: nos anos 1960, ficava em torno de 1%. Atualmente, chega a 4%, podendo, em algumas situações, atingir 20%. Produtores de alguns países, como a Holanda, criaram uma nova cepa da planta com concentrações de THC superiores a 20%, o que altera substancialmente as complicações causadas pela droga. Uma das mais conhecidas é o *skunk*, uma forma artificial de produzir maconha, gerado por meio do cultivo de dois tipos diferentes da *Cannabis* (*sativa* e *indica*) e que incorpora geralmente hidropônicos. Os efeitos da droga são os mesmos efeitos da maconha, porém mais intensificados já que, neste caso, a concentração de THC varia, em geral, de 6% a 15%, e mais raramente chega a 20%. O haxixe é uma resina extraída da planta seca e das flores. É de 5 a 10 vezes mais potente que a maconha comum. O óleo de *hash* é uma substância viscosa ainda mais potente, cujo THC é extraído do haxixe ou da maconha com o uso de um solvente orgânico. Esse "extrato" é filtrado e, muitas vezes, purificado. A concentração de THC no óleo de *hash* fica entre 15% e 50%[9] .

Estilos de Comunicação

Muitas vezes, um atendimento se parece com um ringue de luta, em que de um lado o cliente defende o *status quo* e do outro o profissional tenta persuadi-lo de que existe um "problema" e de que alguma mudança "precisa" ser feita. Ao final da conversa, permanece a sensação de que houve um embate em que ambos sentem terem perdido a "batalha".

Uma das características mais marcantes da ETM é o profissional perceber que seu contato com o cliente aconteceu de forma tranquila e com pouco conflito. Uma analogia comum à ETM é a dança. Faz parte da tarefa do profissional conduzir gentilmente seu cliente em direção à mudança. Como acontece em uma dança, apesar de nela ter um responsável para conduzir os passos, o casal precisa fluir em concordância e sintonia a fim de que a atividade seja desfrutada ao máximo[3,1].

O estilo de comunicação diz respeito à postura e à abordagem utilizada pelo profissional para ajudar as pessoas. Cada um dos três estilos de comunicação propostos reflete posturas diferentes sobre o papel do profissional em seu relacionamento com o cliente. Assim, cada um deles deve ser analisado e utilizado durante o processo de mudança nas situações e nos momentos distintos que surgirão[9]:

1. **Acompanhar**: dar atenção total ao que o cliente está falando. Consiste predominantemente em escutar de forma atenta, sem julgamento ou crítica. O objetivo aqui é entender a experiência e os valores do outro, ou seja, entender o que está acontecendo pelos olhos do cliente. Exemplo: "Eu não vou falar para você jogar seu cigarro fora hoje." "Primeiro, eu gostaria de entender melhor o porquê de você estar precisando fumar."

2. **Direcionar**: este estilo de comunicação evidencia o relacionamento interpessoal. Em momentos específicos, um direcionamento por parte do profissional se faz vital. Existem situações em que o cliente deverá ser encorajado a confiar no conhecimento e na experiência do profissional

para que a conversa seja viável e segura. Exemplo: um aluno que chegou à escola alcoolizado deverá receber os primeiros cuidados e ter a segurança de que os pais serão chamados à escola, mas que essa conversa terá o intermédio do profissional e não será um mero aviso para que os pais venham buscá-lo porque encontra-se alcoolizado. O uso de substâncias é consequência de algo que não está bem na vida daquele jovem e não uma causa.

3. **Orientar**: ajudar o cliente a encontrar um caminho de acordo com a mudança que ele deseja fazer no momento, oferecendo-lhe um menu de opções que possam auxiliá-lo no processo de transformação. Exemplo: "Eu posso ajudá-lo ao relatar quais os recursos que geralmente as pessoas utilizam para lidar com os momentos de fissura, assim você poderá testá-los e escolher aqueles que forem mais úteis para você".

Como suscitar a Fala de Mudança?

As pessoas inicialmente falam sobre o que querem fazer (desejo), explicam porque mudariam (razões), como fariam (capacidade) e o quão importante é (necessidade). Em seguida, vem o comprometimento que, se fortalecido, aumenta gradualmente em direção à mudança. Torna-se relevante prospectar os valores, as aspirações e as esperanças do cliente, de modo a culminar nos passos para a mudança do comportamento.

Para tanto, é imprescindível ouvir o cliente, pois ele é o maior especialista em sua própria vida. É esperado na ETM que o profissional fale cerca de 25 a 30% do tempo. O restante cabe ao cliente.

Para facilitar a compreensão do leitor, existem seis tipos de conversa sobre mudança – **Tabela 1**[9]. Estes tipos de conversa são sequenciais e, conforme a motivação para a mudança aumenta, a conversa vai se transformando progressivamente. No entanto, vale destacar que podem ocorrer oscilações. Exemplo: uma pessoa fala sobre suas razões para mudar, mas diante de uma colocação confrontativa por parte do profissional ou alguma variável externa, a pessoa volta a falar sobre seu desejo. Nesta situação, a meta do profissional é sempre atuar em prol de atingir a fala seguinte e não simplesmente do desejo ir para o comprometimento ou ação.

Tabela 1– Seis tipos de conversa sobre mudança[9].

Tipos de Conversa	Definição	Verbos Típicos	Exemplos de perguntas para evocar a mudança
Desejo	As afirmações de desejo falam das preferências da pessoa em mudar o *status quo*.	Querer, gostar, desejar.	O que você quer, deseja, espera?
Capacidade	Revela aquilo que a pessoa percebe que está ao alcance de sua capacidade.	Poder.	Quais são suas possibilidades? O que você pode ou poderia fazer? O que você consegue fazer?

Tipos de Conversa	Definição	Verbos Típicos	Exemplos de perguntas para evocar a mudança
Razões	Expressa razões específicas para mudança.	Não existem verbos típicos, embora possam ser exteriorizadas com verbos que expressem desejo.	Por que você quer fazer essa mudança? Quais seriam alguns benefícios específicos? Que riscos você gostaria de reduzir?
Necessidade	Indica necessidade ou carência.	Necessitar, ter, dever, precisar.	Qual é a importância dessa mudança? Quanto você precisa dessa mudança em sua vida?
Comprometimento	Revela afirmações que indicam desejo de mudar, mesmo quando existem dúvidas.	Vou.	Como você pensa seu futuro? Como você pensa o seu tratamento?
Ação – Dar passos	Indica ações em direção à mudança, mesmo que sejam pequenos passos (Ex. ler um livro indicado, evitar uma festa, mudar um caminho para evitar recaída).	Não existem verbos típicos, porém é frequente o tempo verbal no passado.	O que você fará daqui para frente? Fale-me o que você tem feito para evitar sentir fissura.

A prática da Entrevista Motivacional

Existem habilidades básicas na prática da ETM, habilidades essas usadas no cotidiano. A diferença é que na ETM essas habilidades são empregadas de forma estratégica e, muitas vezes, é comum ouvir: "mas eu já faço isso!". No entanto, vale a pena se perguntar: "como você faz isso?", pois a ETM é definida como uma forma de comunicação que explora a resolução da ambivalência para a modificação do comportamento de risco[6,9].

Em geral, as pessoas se sentem ambivalentes em relação à mudança porque, de certa forma, existem desvantagens em mudar frente ao desconhecido, por mais que a opção seja em nome da saúde.

Um sinal claro de ambivalência é o *MAS* empregado no meio da frase. Exemplo: Preciso parar de fazer o esquenta com os meus amigos, mas esse é o momento mais divertido. A ambivalência faz com que as pessoas se percam em seus objetivos e ela costuma ser experimentada da seguinte maneira: a pessoa pensa inicialmente em uma razão para mudar, depois pensa em uma razão para não mudar e, por fim, parar de pensar a respeito[2].

Quando o profissional adota um estilo confrontativo com a pessoa ambivalente, acaba por adotar um lado da ambivalência. Nessa situação, uma resposta comum é a argumentação do cliente. Na ETM, a meta é evocar a conversa sobre a mudança em vez de evocar a resistência na mudança. É indicado que o profissional ouça os argumentos em favor da transformação, pois quando o profissional defende a mudança e o cliente defende seus argumentos, a conversa tende a fracassar[2].

A ambivalência é um estado mental no qual a pessoa tem sentimentos coexistentes e conflitantes a respeito de alguma coisa. Uma postura de vulnerabilidade pode transformar-se em um desafio e voltar à vulnerabilidade em poucos minutos.

Como esse conflito se desenvolve? Um ingrediente importante é o apego ao comportamento, o que torna mais difícil a resistência ou seu afastamento. A dependência psicofarmacológica é uma forma de apego: o corpo da pessoa adapta-se à presença da substância (tolerância) e, quando esta é retirada, o corpo entra em um estado de desadaptação (abstinência). Os padrões de aprendizagem ou condicionamento também podem ser fontes muito poderosas de apego a certos comportamentos: a descontração e o convívio nas baladas passam a se associar ao uso de álcool, assim como uma tragada no cigarro após as refeições. Os comportamentos relacionados ao uso de substâncias também podem ser utilizados como meio de enfrentamento: a pessoa passa a contar com a substância para ajudá-la a lidar com estados difíceis ou desagradáveis, como a se aproximar ou falar com pessoas, a relaxar em um momento de raiva, a sentir coragem, etc. e, com o tempo, torna-se mais difícil enfrentar tais situações sem o uso da substância.[6,9,3].

Um profissional que escuta uma manifestação comum de ambivalência do tipo "eu quero, mas não quero" poderia pressupor a existência de algo errado com o julgamento ou com o estado mental do cliente. Sua incerteza poderia ser vista como anormal, inaceitável e como sinal de pouca motivação. O conceito de motivação atualmente é compreendido como um estado de prontidão que pode oscilar com o tempo e como fruto de interação interpessoal. O profissional deve atuar como uma plataforma de petróleo, extraindo o que de mais rico e profundo há no cliente. Para a ETM, o estilo do profissional em sua relação com o cliente é fundamental para aumentar a motivação em prol da mudança.

Em vez de visualizar a ambivalência como um "mau sinal", é necessário entendê-la como normal, aceitável e compreensível. Exemplo: "Sei que bebi demais, mas não conte aos meus pais porque eles não vão entender". Uma escuta reflexiva seria: "Estou entendendo que você percebe que exagerou e por isso teme a reação dos seus pais".

A seguir, conheça algumas diretrizes para uma boa prática da comunicação do profissional.

Como realizar uma conversa colaborativa e efetiva?

A seguir, encontra-se uma figura de linguagem que vai contextualizar uma conversa colaborativa e efetiva na prevenção do uso de substâncias psicoativas, como uma viagem por uma autoestrada (**Figura 3**). O pré-requisito inicial para esta viagem é uma parceria sólida e colaborativa entre o assistido e o profissional. Sem esta parceria a viagem será curta. Conforme adentra a relação, esta parceria segue como essencial, pois permite a expansão do foco da conversa. Mais adiante na viagem, ocorrerá a oportunidade da apresentação do *feedback* construtivo ou mesmo de um conselho direto. Se o inicial for um conselho, dificilmente os assistidos seguirão de forma consistente as sugestões apresentadas. A duração da viagem depende da motivação do assistido, bem como da extensão de sua queixa [7].

O que importa nessa viagem é que o profissional seja um bom motorista e como tal, necessite reunir muitas das habilidades descritas na figura apresentada adiante.

Ao ler o capítulo, você, como profissional, poderá identificar algumas habilidades em que seja bom e que queira melhorar. Ao passo que também poderá identificar habilidades que tenha dificuldade e que pode evoluir. Trata-se de um exercício útil para a compreensão do processo de mudança comportamental solicitado aos profissionais que almejam realizar um aconselhamento no uso de substâncias psicoativas[7].

Figura 3 – Elementos de uma Conversa Colaborativa e Efetiva

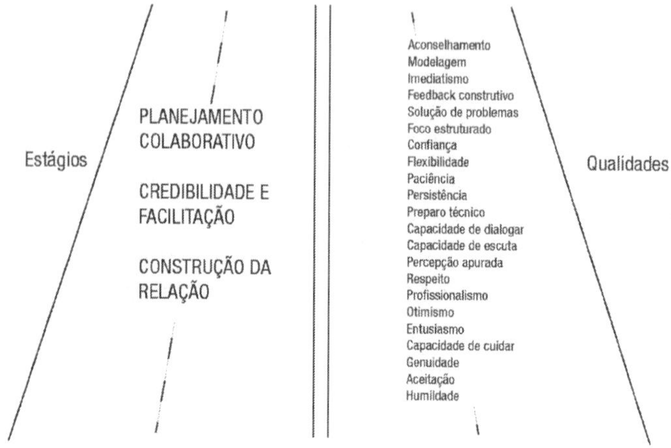

O começo da viagem: A construção da relação

Um profissional eficaz deve ser compreensível, flexível, verdadeiro, cuidadoso e consistente. Ele deve entender as limitações do tempo, o estresse e os desafios que os assistidos vivenciam no cotidiano escolar/profissional e ser flexível para se adaptar a esses desafios. Eles também devem ser verdadeiros. Você não pode simplesmente se deixar levar pelo impulso. Você realmente precisa assumir uma atitude de cuidado e dar 100% do seu melhor ao trabalho e a relação. Você tem que continuamente verificar com os assistidos os objetivos a serem atingidos, oferecer feedback *e dar suporte*[7].

1. Profissionais efetivos usam boas técnicas de comunicação social para construir relações de sucesso. Uma conversa efetiva é construída sobre uma relação sólida e colaborativa. Os bons profissionais criam essas relações por meio de técnicas de comunicação social as quais geram confiança. Profissionais eficazes estabelecem o cenário para que tais relações ocorram, a princípio, ao examinarem suas próprias atitudes e vieses, evitando julgamentos e transmitindo aceitação e entendimento. Ninguém quer embarcar em uma importante jornada com alguém que seja muito crítico e avaliativo.

Da mesma forma, profissionais efetivos são percebidos pelos demais como sinceros. Em outras palavras, eles realmente se importam com o que acontece aos assistidos e estudantes com quem trabalham. Eles são empáticos e transmitem sua preocupação e cuidado com aqueles que consultam. Eles validam a experiência dos assistidos por meio de sua empatia, mas de uma forma não depreciativa e de modo a fomentar a autoeficácia[7].

Profissionais efetivos são bons ouvintes: escutam antes de falar ou dar uma orientação ou aconselhamento. O estilo de suas conversa é dialogar; isto é, eles procuram compartilhar entendimentos e traçam a percepção dos assistidos ao invés de se comunicarem de uma forma didática. Além disso, profissionais efetivos são bons em fazer interações sociais divertidas, relaxantes e atrativas e em envolver as pessoas. Eles utilizam de um humor apropriado e bem aplicado, se envolvem em conversa fiada e oferecem ajuda e assistência conforme for necessário[7].

Profissionais efetivos são consistentes em suas relações. Isto significa que focam nas forças e recursos, tanto quanto, e se não mais, às limitações e problemas, além de serem humildes e dedicarem olhar as necessidades do outro e não a si mesmo.

2. Consultores eficazes são profissionais respeitosos. Um profissional respeitoso estabelece fronteiras e reconhece os limites do seu papel, que a princípio é criar um ambiente propício para os assistidos. Assim, profissionais efetivos honram a autonomia individual e a tomada de decisão e acreditam que quando fornecem um contexto reflexivo, com estímulo e suporte, os assistidos terão as melhores decisões para si mesmo e, naturalmente, mudanças positivas acontecerão em suas salas de aula ou ambientes de trabalho. Profissionais habilidosos também respeitam as diferenças e valores individuais. Eles são culturalmente competentes e sensíveis[7].

Profissionais respeitosos são confiáveis, fazendo o que se comprometem a fazer e quando se comprometem a fazer. Eles cumprem os seus compromissos e aparecem às reuniões no horário certo e determinado. Profissionais efetivos mostram o seu profissionalismo ao garantir a confidencialidade da informação dividida, a não ser quando a lei exige o contrário.

Durante a viagem: Credibilidade e Facilitação na Resolução de Problemas

No trajeto, é importante ter atenção na postura do profissional que, como consequência, constrói um vínculo de confiança, com credibilidade e prepara o terreno para a resolução de problemas[7]:

1. A conversa colaborativa é guiada por uma base teórica: o propósito da conversa colaborativa, acima de tudo, é conectar os assistidos à base de conhecimento e à técnica que não conheceram ainda. Além disso, o profissional efetivo deve ter experiência a respeito desta informação ou habilidade desejada, a fim de ser reconhecido como um disseminador confiável.

Profissionais efetivos possuem uma base de conhecimento definida, neste caso, conhecimento a respeito das técnicas de manejo comportamentais e informações consistentes e atualizadas sobre substâncias psicoativas para ajudar assistidos e funcionários. Igualmente importante, eles estão abertos a dividirem esse conhecimento em uma linguagem compreensível e acessível. Ser guiado por uma boa teórica ajuda o profissional a definir claramente o problema, conceituar as possíveis causas e selecionar intervenções apropriadas.

É indispensável que o profissional tenha um entendimento consistente de como se aprende um comportamento e de como ele pode ser modificado. Assim, conhecer os princípios comportamentais e a aplicabilidade de tais princípios é o componente central para uma intervenção efetiva[7].

2. Profissionais efetivos são dignos de confiança: além da teoria, profissionais efetivos apresentam outras características que os permitem construir a confiança e prosseguir a conversa colaborativa com os assistidos no decorrer da viagem. Por exemplo, profissionais que dividem experiências passadas ou dão exemplos de estratégias utilizadas por outras pessoas com quem trabalharam no passado, passam credibilidade, bem como constroem uma conexão pessoal. Além disso, profissionais efetivos dividem o seu conhecimento em pesquisa, quando apropriado, para apoiar e guiar o desenvolvimento da intervenção. Algumas qualidades adicionais, as quais andam lado a lado com a construção de relações efetivas e de confiança, incluem ser um bom solucionador de problemas, coletar e dividir dados objetivos sem julgamentos e transmitir confiança[7].

3. Profissionais efetivos são confiantes: eles acreditam que a conversa colaborativa e o processo de solução de problemas visam mudanças positivas. Profissionais efetivos convencem o próximo por meio da linguagem corporal, pelo tom da voz e pelo contato visual. Eles também sabem o tempo de acessar recursos adicionais e como ajudar os outros a acessarem os recursos necessários quando preciso.

Em outras palavras, os profissionais efetivos se sentem confortáveis em suas interações e são conscientes da extensão do seu conhecimento e experiência. Estabelecer expectativas apropriadas e acreditar que conseguirão alcançar os objetivos também passa confiança[7].

4. **Profissionais efetivos são bons solucionadores de problemas**: eles focam na solução, se empenham em um processo sequencial de resolução de problemas que envolve claramente o estabelecimento dos comportamentos-alvo, nos objetivos específicos, no monitoramento do progresso em direção a esses objetivos ao coletarem dados relevantes e na revisão do plano, tanto quanto necessário, a partir da coleta de dados. Mais do que dividir os assistidos entre bons e maus ou entre resistentes e não resistentes, os profissionais buscam os pontos positivos e os recursos de cada pessoa. Outras qualidades importantes de um solucionador de problemas efetivo é a paciência, persistência e a crença de que os objetivos serão alcançados. Eles, de forma proativa, acessam o plano e esperam que seja necessário revisá-lo com o passar do tempo. Eles não desistem! [7]

5. **Profissionais efetivos coletam dados objetivos**: a coleta de dados é um ingrediente crítico para uma conversa colaborativa. Os dados podem ser utilizados para fornecimento do *feedback* sobre o que está bom e o que precisa de atenção. Portanto, é vital coletar dados que sejam precisos. Uma forma de aumentar a probabilidade de que os dados sejam percebidos pelo profissional como significativos e úteis é assegurando que estes sejam objetivos e tenham um propósito em relação à intervenção, ou seja, não apenas respondem à curiosidade ou à inexperiência do profissional. Dito de outra forma, os dados coletados são observáveis, sensíveis à mudança e importantes. Além disso, os dados serão mais úteis se transmitidos aos profissionais de forma respeitosa,

evitando implicações que apontem que o profissional esteja em falta pelo comportamento problemático apresentado pelo o aluno-profissional. Assim, como o problema comportamental é inerente ao outro, os profissionais não são pessoalmente responsáveis pelas dificuldades comportamentais da sala ou no ambiente de trabalho. Os dados simplesmente fornecem informações que podem ser usadas para melhorar o ambiente escolar ou profissional. Por fim, embora os dados objetivos sejam incríveis, eles não devem sempre refletir o quadro completo. Verificar os dados junto aos colegas e familiares pode fornecer informações adicionais[7].

6. Profissionais efetivos são flexíveis: embora a base teórica oriente os profissionais a escolherem quais aspectos dar ênfase em cada conversa, eles não possuem um plano formal para a resolução de problemas. Esses profissionais reconhecem que planos eficazes são criados de forma colaborativa com os assistidos que estarão diretamente envolvidos com a implementação destes planos na intervenção almejada. Em outras palavras, a base teórica dá o parâmetro para a interação e discussão da solução de problema, entretanto no final o plano é desenvolvido por meio do diálogo, debate e discussão com os principais envolvidos[7]

7. Profissionais efetivos estruturam os encontros: flexibilizar a estrutura pode ser um desafio. Entretanto, estabelecer parâmetros de como o tempo será utilizado durante a conversa é de suma importância para a obtenção de sucesso. Profissionais efetivos deixam claro o propósito do encontro ao revisar os objetivos e os resultados esperados. Ter pautas a serem trabalhadas não quer dizer que o profissional chegue com toda a ideia da intervenção pronta e detalhada. A pauta identifica os passos que podem ser tomados em direção ao planejamento colaborativo de forma que o resultado final seja um plano de ação. Além disso, os profissionais tentam minimizar as surpresas ao se comunicar de forma aberta sobre os propósitos do encontro, como e quando os dados serão coletados, e como o progresso em direção aos objetivos colaborativos serão mensurados[7].

Desvio à frente: o planejamento colaborativo e a superação de obstáculos

Quando os assistidos percebem que os profissionais são dignos de confiança, eles tornam-se mais dispostos a engajar no planejamento colaborativo. O conjunto de habilidades foca em como desenvolver capacidades e em como superar as barreiras às mudanças. Isso inclui dar um *feedback* construtivo e permear conversas difíceis[7].

1. Profissionais efetivos fornecem um *feedback* colaborativo sobre o desenvolvimento de habilidades: os profissionais dão um *feedback* positivo, com comentários e sugestões sobre o que pode ser melhorado, mas antes solicitando permissão aos assistidos para darem o retorno com respeito à mudança comportamental em foco. Para o *feedback* ser construtivo, ele precisa ser específico, com foco na solução e direcionado a um comportamento que pode ser alterado. Falar para um professor "*Há muitos alunos nesta sala*" não é tarefa fácil. Dizer "*Você precisa trabalhar a sua relação com os estudantes*" é problemático, pois é vago e não dá ao professor informações suficientes que o direcione a um comportamento positivo. Ao contrário, é preciso considerar o seguinte *feedback*: "*Contabilizei 10 vezes que você elogiou o comportamento dos alunos e cinco vezes que você perguntou a respeito do dia deles. Os professores percebem que ao aumentar este tipo de interação, quase sempre notam uma diminuição dos comportamentos problemáticos*". Este tipo de afirmação é bastante concreto e apresenta ao professor um guia para melhorar as suas habilidades[7].

2. **Profissionais efetivos são capazes e dispostos a modelar as habilidades**: eles não apenas precisam ser conhecedores de práticas efetivas de gestão em sala de aula ou no ambiente de trabalho, como também precisam ser competentes em mostrar como executar estas práticas. A modelagem é uma ferramenta crítica na qual os profissionais ajudam os assistidos a aprender novas habilidades. Mais do que simplesmente falar para o assistido melhorar este ou aquele comportamento específico, um profissional competente precisa estar aberto a demonstrar, com exemplos, a possibilidade desta melhoria e modelar tal habilidade em sala de aula ou no ambiente de trabalho. Permitir que os profissionais o observe, coletem dados a respeito da sua própria performance, dentre outros fatores chave, pode ser particularmente útil, pois eles continuam envolvidos e focados sobre as habilidades a serem modeladas[7].

3. **Profissionais efetivos possuem habilidades imediatas**: inevitavelmente, desafios e obstáculos surgirão durante a viagem. Profissionais efetivos administram esses desafios enquanto seguem em frente. Ter habilidades imediatas quer dizer que o profissional é capaz de monitorar interações imediatas e comentar sobre esses processos conforme necessário. Compreender que a mudança pode ser desconfortável e que a ambivalência a respeito da mesma é natural ajuda no processo. Profissionais efetivos estão cientes da resistência e do desconforto quando surgem. Ao invés de acelerar o processo de mudança ou apontar as resistências dando razões pelas quais a mudança é necessária, eles saem do caminho; eles abraçam a resistência e se reposicionam de forma que abre aos outros a oportunidade de falar o porquê acreditam que a mudança seja importante[7].

4. Profissionais efetivos estão abertos a conversas difíceis quando necessário: eles precisam estar dispostos a conversar sobre o "elefante na sala". Às vezes, há circunstâncias que são difíceis de serem trabalhadas, por uma razão ou outra. Entretanto, se a questão é ignorada, pouco progresso ocorrerá. É imprescindível, em momentos difíceis, estar ciente dos desafios e manter uma forma habilidosa de seguir com a discussão em tom de conversa colaborativa. Os acontecimentos presentes, as informações técnicas e os limites estarão implícitos na conversa, mas como embasamento e não como argumentação ou relação de poder[7].

5. Profissionais efetivos oferecem aconselhamento: após estabelecer uma relação de confiança, credibilidade e apoio, os profissionais podem dar conselhos ou sugestões, sempre com permissão. Tenha em mente que um conselho impactante é dado na hora certa, para a pessoa certa e no momento certo. Vale destacar que o aconselhamento é sempre oferecido próximo ao término do encontro. Por exemplo: "Se você me permite, eu gostaria de dividir com você algumas alternativas que outras pessoas que passaram por situação parecida como a sua adotaram. Você gostaria de ouvir? [7]".

Ao seguir estes sinais, chegamos ao fim da viagem. Porém, isso requer tempo, esforço, conhecimento, paciência, persistência e uma escuta altamente compassiva, ao contrário do trabalho com o julgar, com a tentativa de consertar o outro ou dizer o que o outro deve fazer. É esperado que ao final da viagem ambos estejam cientes de suas capacidades, responsabilidades e obrigações. Muitas vezes, o destino pode não ser o almejado por ambos, mas pode ser o que de fato foi alcançado e o assistido terá que seguir com sua viagem até que ele encontre seu destino almejado. O profissional pode chegar em paridade ao mesmo destino que o do assistido, quando esse foi o almejado por ambos, ou apenas chegar até determinado ponto e ali colocar uma placa de sinalização preciosa, a qual poderá mudar o rumo no decorrer da jornada do assistido, que continuará em sua jornada.

Considerações Finais

A ETM se apresenta como uma abordagem de aconselhamento que pode ser utilizada na educação, na saúde, na justiça e na área social e que promove uma mudança de comportamento consistente e duradoura, além de ser facilmente aplicada por qualquer profissional bem treinado.

No geral, a ETM é bem recebida pelos clientes de qualquer realidade cultural e sócio demográfica por enfatizar a motivação pessoal e o compromisso com a mudança, ao explorar as próprias razões da pessoa para a transformação, dentro de uma atmosfera de aceitação e compaixão. A nós, profissionais, cabe aprender não só a abordagem, mas, sobretudo, a postura.

Referências

1. ARKOWITZ, H. et al. *Entrevista Motivacional no Tratamento de Problemas Psicológicos*. São Paulo: Roca, 2011.

2. FIGLIE, NB.; BORDIN, S.; LARANJEIRA, R. Entrevista Motivacional. In: FIGLIE, NB.; BORDIN, S.; LARANJEIRA, R. *Aconselhamento em Dependência Química*. 3. ed. São Paulo: Roca, 2015. p. 195 - 219.

3. FIGLIE, NB.; GUIMARÃES, LP. *A Entrevista Motivacional*: conversas sobre mudança. Boletim da Academia Paulista de Psicologia, 2014. p. 34 (87): 472-489.

4. FROMME, K.; CORBIN, W. *Prevention of heavy drinking and associated negative consequences among mandated and*

voluntary college students. Journal of Consulting and Clinical Psychology, 2004. p. 72: 1038-1049.

5. GORDON, T. *Parent Effectiveness Training.* New York: Wyden, 1970.

6. MILLER, W. R.; ROLLNICK, S. *Motivational Interview - helping people change.* 3. ed. New York: The Guilford Press, 2013.

7. REINKE, W.M; Herman, K.C; Sprick, R. *Motivational Interwing for Effective Classroom Management.* New York: The Guilford Press, 2011.

8. ROLLNICK, S.; MILLER, W.R. *What is motivational interviewing?* Behavior and Cognitive Psychotherapy, 1985, p. 23:325-334.

9. ROLLNICK, S.; MILLER, W. R.; BUTLER, C.C. *Entrevista Motivacional no cuidado da Saúde*: ajudando pacientes a mudar o comportamento. 1. ed. Porto Alegre: Artmed, 2009.

10. SEREBENIC, F. et al. Maconha. In: FIGLIE, NB.; BORDIN, S.; LARANJEIRA, R. *Aconselhamento em Dependência Química.* 3. ed. São Paulo: Roca, 2015. p. 90 - 99.

11. TURRISI, R.; MALLETT, K.A.; MASTROLEO, N.R. *Heavy Drinking in College Students*: Who Is at Risk and What Is Being Done About It? J Gen Psychol: 2008 Feb 12: 1-16.

CAPÍTULO 3

COMO INTERVIR PARA MOTIVAR: ACONSELHAMENTO INDIVIDUAL BREVE

Maria Aparecida de Andrade Borges
Thaís dos Reis Vilela
Maria Teresa Malaquias de Albuquerque
Neliana Buzi Figlie

Introdução

Neste capítulo, são apresentadas orientações relevantes para o trabalho de aconselhamento individual com usuários de álcool e outras substâncias e alguns diálogos que ilustram os princípios e o espírito da Entrevista Motivacional[8]. Esses exemplos podem ser adaptados conforme o contexto da aplicação e setting.

Com um pouco de prática, é possível estabelecer um estilo próprio de intervenção, tornando o aconselhamento uma valiosa oportunidade para motivar pessoas a mudarem comportamentos.

Muitos profissionais experimentam a sensação de frustração ao conversar com uma pessoa que faz uso abusivo de álcool e/ou outras substâncias e, mesmo assim, continuam com uma postura resistente e favorável à manutenção do comportamento. Veja a seguir algumas regras de ouro:

1. O profissional fará o melhor que puder, utilizando todas as ferramentas que tiver e o conhecimento adquirido, mas a decisão para a mudança não cabe a ele.

2. Uma pessoa pode parecer atenta e passar a imagem de que implementará a mudança de comportamento logo após a conversa. No entanto, não se deve pressupor que ela deseja ou vai mudar.

3. Os primeiros minutos poderão ser desconfortáveis. É importante usar esse tempo para fazer um bom contato e deixar a outra pessoa um pouco mais à vontade. Em algumas situações, o profissional pode assumir o seu desconforto, agradecer o assistido por ter comparecido à sessão e prover a estrutura do aconselhamento.

4. Apesar do termo, aconselhamento aqui não se trata de aconselhar, mas sim de um estilo de conversa que considera a autonomia da pessoa e tem como base os princípios da Entrevista Motivacional. As pessoas mudam comportamentos quando elas mesmas encontram suas razões para mudar. Neste caso, o papel do profissional é contribuir para que as pessoas encontrem seus motivos para a mudança por meio de uma conversa que envolve compaixão, escuta ativa, perguntas evocativas e reflexões.

Aconselhamento Individual

Três opções de aconselhamento individual serão apresentadas: Intervenção Breve; Intervenção Comportamental e Intervenção de longa duração. O profissional pode optar pela melhor opção que se adequar às suas necessidades no momento, em conformidade com a queixa do assistido e o *setting*, ou seja, o contexto de atuação.

As intervenções breves ocorrem em poucos minutos, podendo ter um formato de Aconselhamento Breve (3 a 10 minutos), ou mais, dependendo da disponibilidade. Geralmente, ocorrem em situações não programadas, mas são bem oportunas quando o uso de álcool e/ou outras substâncias é mencionado na conversa, seja com um professor, um médico, um gestor ou em qualquer outro contexto de saúde, educação ou instituições (públicas e privadas).

Nestas situações, o consumo de substâncias pode ser abordado como parte da conversa. Por exemplo: é oportuno abordar o uso de álcool em um contexto escolar, fazendo uma correlação entre o hábito de beber e os problemas apresentados pelo estudante.

Em organizações, é possível identificar evidências passíveis de serem relacionadas ao consumo abusivo, como baixo resultado em avaliações de desempenho, faltas e atrasos habituais ou acidentes de trabalho por negligência.

Na área da saúde, um ponto importante é o esclarecimento da interação do medicamento a ser prescrito com o consumo de bebidas alcoólicas. Em todos esses contextos, o desafio é abordar o assunto "bebida" sem confrontar, persuadir ou transferir um excesso de informações que não traz nenhum resultado e ainda deixa o usuário na defensiva.

I. Intervenção Breve (3 a 10 minutos)

O aconselhamento breve deve envolver as seguintes etapas[8]:

Figura 1 – Etapas do Aconselhamento Breve

1. Avaliação do uso de álcool e/ou outras substâncias (AUDIT e ASSIST).

⇩

2. Explorar e partilhar preocupações.

⇩

3. Aconselhamento e dar opções.

⇩

4. Manter o acompanhamento ou encaminhar.

1. Avaliação do uso de álcool e/ou outras substâncias

Inicialmente, recomenda-se uma avaliação do padrão de consumo de álcool por meio do instrumento AUDIT (*Alcohol Use Disorders Identification Test*) – **Anexo 1**.

O AUDIT foi desenvolvido por Babor e colaboradores[1] e validado no Brasil [5]. Trata-se de um instrumento muito utilizado por ser de fácil aplicação, rápido e proporcionar informações úteis que possibilitam o *feedback*, que é uma avaliação sobre a pessoa em relação ao resultado do teste, imediatamente após a aplicação. O AUDIT contém 10 perguntas: as três primeiras questões medem a quantidade e a frequência do consumo de álcool, as três seguintes se referem à ocorrência de possíveis sintomas de dependência e as quatro últimas avaliam os problemas recentes e passados associados ao consumo de álcool.

Caso não seja possível realizar todas as perguntas, explore as primeiras questões sobre a frequência de consumo, a quantidade de bebida alcoólica consumida em um dia típico e com que frequência se consome seis ou mais doses, em uma mesma ocasião.

Outro instrumento que avalia as demais substâncias psicoativas, bem como o consumo de álcool, é o ASSIST (*Alcohol, Smoking and Substance Involvement Screening Test*) – Anexo 2, que foi desenvolvido em 1997 pela Organização Mundial da Saúde[4,9] e validado no Brasil[3]. Trata-se de um instrumento de rápida aplicação que aborda o uso de nove classes de substâncias: tabaco, álcool, maconha, cocaína, estimulantes, sedativos, inalantes, alucinógenos e opiáceos. As questões investigam a frequência e os problemas relacionados ao consumo, a preocupação a respeito do uso por parte de pessoas próximas ao usuário, o prejuízo na execução de tarefas esperadas, as tentativas mal sucedidas de cessar ou reduzir o consumo, o sentimento de compulsão e uso por via injetável.

O escore total pode variar de 0 a 3 como indicativo de uso ocasional e sem necessidade de intervenção e de 4 a 26 como indicativo de uso nocivo, sendo recomendada uma intervenção breve. Este capítulo apresenta uma proposta de intervenção breve a título de sugestão. Por fim, um escore ≥ 27, que requer uma intervenção com um especialista. **Anexo 2.**

2. Explorar e partilhar preocupações

Com a identificação do uso nocivo de álcool e/ou outras substâncias, e de problemas relacionados, um segundo passo será identificar as preocupações do assistido em relação ao consumo, partilhar e explorar essas preocupações.

A seguir, conheça algumas perguntas evocativas para explorar as preocupações do assistido:

- "Você tem alguma preocupação, problema ou dificuldade em relação ao seu consumo (álcool e/ou outras substâncias)?"
- "Quais são as coisas boas/vantagens/pontos positivos que você vê no consumo (álcool e/ou outras substâncias)?"
- "Quais são as coisas não tão boas/desvantagens/pontos negativos no consumo (álcool e/ou outras substâncias)?"

O ponto central da sessão envolve explorar rapidamente as preocupações a respeito do consumo de substâncias, as dificuldades vividas, além das vantagens do uso. É válido explorar outras preocupações, como tabagismo, depressão, problemas acadêmicos ou profissionais e outras dificuldades comuns em decorrência do uso.

Veja exemplos de compartilhar as preocupações:

- "Como seu profissional/professor/médico gostaria de dividir com você a minha preocupação, se você me permitir."

- "Eu me preocupo sobre como o álcool tem afetado o seu desempenho escolar/ seus exames clínicos/seu desempenho profissional."
- "O que eu vou lhe falar pode ou não se aplicar a você, mas gostaria de compartilhar algumas informações a respeito do consumo de álcool, você me permite?"

Evite expressões como: "você deve...", "você deveria...", que são expressões imperativas, prescritivas, muitas vezes autoritárias, e podem produzir resistência à mudança.

3. Aconselhamento e dar opções

Uma boa estrutura para aconselhar é o que se chama de E – P – E (**Eliciar – Prover – Eliciar**).

Nesta técnica, a primeira pergunta é para levantar (**eliciar**) informações, dúvidas, preocupações que a pessoa tenha a respeito do seu comportamento.

Veja a seguir um exemplo:

- (E) Eliciar a prontidão para a mudança: "O que você conhece sobre os efeitos do álcool..." "Que preocupações você tem sobre..."

Com isso, o profissional passa a oferecer (**prover**) orientações.

- (P) Prover informações claras e oferecer *feedback*: "Os resultados dos seus testes/exames sugerem que..."; "Como seu médico, professor, terapeuta, eu me preocupo com..."

Em seguida, o profissional questiona sobre o que a pessoa gostaria de fazer a respeito do seu comportamento (**eliciar**).

- (E) Eliciar os pontos de vista, pensamentos, reflexões: "Quais são as opções que você considera?", "O que você pensa a esse respeito?".

A título de sugestão, aplique a ***sensibilização no "Oráculo de Prevenção" (Vide capítulo 5)*** como uma forma de trabalhar informações.

É necessário sempre pedir permissão para oferecer informações e orientações. Seja breve, dê opções e, se houver oportunidade, contribua para que um plano de ação seja implementado.

Conheça mais algumas questões:

- "Gostaria de dividir com você algumas estratégias que as pessoas costumam utilizar em situações com essa (reduzir consumo, evitar situações de risco)".
- "O que você pensa em fazer a esse respeito?",
- "Posso lhe ajudar de alguma forma?"

Os estudantes têm muitas opções, incluindo diminuir o consumo, reduzir danos (como evitar situações de risco) ou, simplesmente, refletir sobre o seu consumo e a possibilidade de implementar alguma mudança. Por exemplo:

Profissional: Você reportou alguns *blackouts* (perda da memória) após o seu consumo de álcool e gostaria que me contasse o que sabe sobre *blackout*. **(eliciar)**

Estudante: Humm... não é coisa boa, mas muitos amigos meus já tiveram e não deu nada.

Profissional: *Blackout* pode ser algo importante para se preocupar. Em função da perda da memória, a pessoa pode se expor a graves riscos ou colocar outros em risco, ou seja, pode ser um problema real. **(prover informação)**

Estudante: Sim, verdade.

Profissional: O que você acha? Gostaria de saber o que você pensa sobre isso. **(eliciar reação)**

Ao contrário de algumas técnicas, a E – P – E inverte a hierarquia na relação profissional e assistido, e o estudante passa a ser a figura central durante a conversa e o que ele pensa e fala é valorizado.

Algumas pessoas costumam pedir conselhos ou opiniões ao profissional sobre o que fazer ou como agir. Nestes casos, é apropriado dar sugestões, mas com cautela porque as pessoas menos motivadas a mudar podem acreditar que o caso delas não tem solução, que é muito difícil e não serão capazes de conseguir. Uma alternativa é perguntar o que a pessoa pensa, oferecer um menu de alternativas e perguntar o que pode funcionar para ela. Por exemplo: "Algumas pessoas, nessa mesma situação, costumam... (dar uma lista de opções que podem incluir: evitar sair de casa com o estômago vazio, optar por intercalar bebida e água durante o evento, eleger um motorista sóbrio, sair com pouco dinheiro para a bebida, entre outras). Qual delas poderia funcionar para você?"

A partir da resposta dada, o profissional poderá usar expressões como: "Me parece uma boa ideia. O que você pretende fazer?" "Ótimo! Qual é o seu plano?" "Qual é o primeiro passo?".

Outra possibilidade seria perguntar: "Que conselho você daria para outra pessoa nessa mesma situação?".

4. Manter o acompanhamento ou encaminhar

O profissional pode indicar ao assistido que ele ou outros profissionais da instituição estarão disponíveis para prestar assistência e apoio, para agendar um novo encontro, acompanhar por telefone ou para encaminhar, se necessário. Por exemplo:

"Gostaria de agendar um novo encontro, daqui a 2 semanas, para vermos como você está indo. Até lá faremos contato por telefone para verificar se está tudo bem. Qual o melhor horário para te ligar?".

II. Intervenção Comportamental (10 a 30 minutos)

Trata-se de uma intervenção um pouco mais prolongada, que segue os passos descritos no Aconselhamento Breve e inclui a escala de disposição, a qual avalia a importância e confiança da pessoa para implementar mudança e explora a viabilidade de sua realização.

Figura 2 – Etapas da Intervenção Comportamental

1. Avaliação do uso de álcool e/ou outras substâncias (AUDIT e ASSIST)

⇩

2. Explorar e partilhar preocupações

⇩

3. Avaliar o nível de importância e confiança.

⇩

4. Explorar a importância e construir a confiança.

⇩

5. Aconselhamento e dar opções.

⇩

6. Manter o acompanhamento ou encaminhar.

Para a intervenção comportamental recomenda-se aplicar a versão completa do AUDIT[8].

Avaliar o nível de importância e confiança

As pessoas tendem a mudar quando acreditam que isso é importante para elas e que são capazes de realizar a mudança.

O profissional não deve apressar o assistido na discussão sobre a importância. Ele deve perguntar que outras razões o assistido teria, por exemplo: "O que mais?" Faça uma pausa e aguarde uma resposta. A maioria pode identificar pelo menos três ou quatro razões.

"Numa escala de 1 a 10, qual é a IMPORTÂNCIA de realizar alguma mudança no seu estilo de vida?" (parar de consumir, diminuir a quantidade)

Figura 3 – Régua da Importância. Adaptado de Miller e Rollnick (2002)

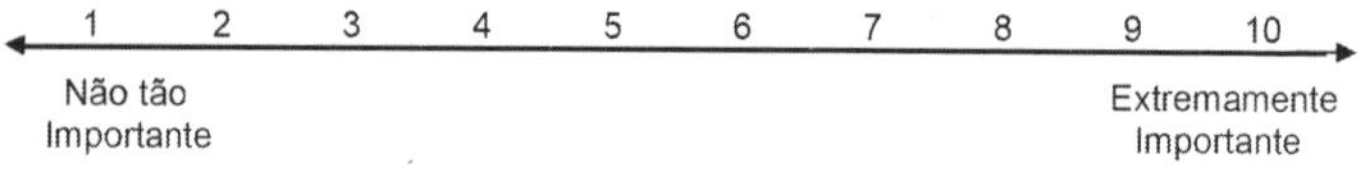

a) Explorar a importância:

A partir da resposta dada, o profissional deve fazer reflexões, perguntas evocativas que levem o assistido a ponderar sobre sua pontuação na escala. Veja alguns exemplos:

Se a pontuação for baixa	Se for uma pontuação média	Pontuação mais alta
Profissional: "Ok, me parece que isso não é importante para você nesse momento. Você me permite dividir algumas informações?" "O que seria necessário para aumentar essa pontuação?"	**Profissional**: "Não é uma pontuação alta, mas também não é tão baixa." "Eu fico pensando porque você disse um 3 e não 1. Então, entendo que por alguma razão isso é importante, não é mesmo?"	**Profissional**: "Entendo que é muito importante para você fazer algo sobre o seu consumo". "O que faz isso ser importante para você?"

A régua de confiança é um instrumento que pode ajudar o assistido a identificar objetivos específicos que o auxiliará na definição de um plano de ação com foco na mudança e no estilo de vida.

"Numa escala de 1 a 10, o quão CONFIANTE você se sente para implementar essa mudança?"

Figura 4 – Régua da Confiança. Adaptado de Miller e Rollnick (2002)

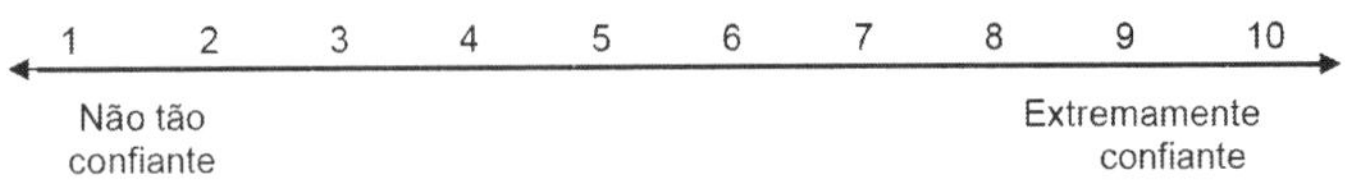

b) Construir a confiança:

Nesta escala, o profissional pode usar a mesma estrutura apresentada na escala de importância e se concentrar em refletir sobre duas questões em específico: as razões pelas quais o assistido está confiante e as maneiras de torna-lo mais confiante. As respostas a estas duas questões são falas de mudança. Seguem alguns exemplos:

Se a pontuação for baixa	Se for uma pontuação média	Pontuação mais alta
Profissional: "Bastante baixo. O que seria necessário para ir de1 até, digamos, um 5?" "Fale-me sobre uma mudança que você fez no passado. Como você fez isso?"	Profissional: "O que seria preciso para aumentar a sua confiança para, digamos, um 8?" "O que você poderia fazer sobre isso? Como posso ajudá-lo?"	Profissional: "Então, você está confiante. Como você poderia fazer essa mudança?"

Para finalizar a sessão, recomenda-se um breve resumo da intervenção com as afirmações do assistido sobre desejos ou planos de mudança, reforçando sua autoeficácia, ou seja, sua capacidade para realizar a mudança.

O profissional deve agradecer pela conversa, colocar-se à disposição e encerrar a sessão, agendando um próximo encontro ou propondo o encaminhamento a outros serviços, se necessário.

III. Intervenção de longa duração

A intervenção individual de longa duração pode variar entre 45 minutos a uma hora, na intenção de fluir com a resistência e estimular a motivação para a mudança.

Para oferecer informações, o profissional deve manter uma postura de apoio, respeito e empatia. É importante conhecer o que a pessoa já sabe e o que a preocupa em relação ao álcool e/ou outras substâncias. A conversa é melhor do que a palestra para trabalhar esse assunto porque uma palestra tem características de monólogo.

A maioria das pessoas não participa por vontade própria. Os primeiros minutos de uma intervenção são fundamentais para que o profissional consiga estabelecer uma aliança com o assistido, definir uma agenda e estimular o diálogo, demonstrando sincero interesse por ele. Ainda nesses primeiros minutos é o momento do profissional agradecer a presença do assistido e reconhecer o potencial constrangimento ou resistência frente à situação que o assistido vivencia, além de explicar a estrutura dos encontros, a fim de que ele saiba o que vai acontecer. O profissional também precisa esclarecer sobre a confidencialidade da intervenção e de seus limites, como em situações de risco para a própria pessoa ou para terceiros. Por exemplo: suicídio ou abuso infantil.

A seguir, veja um exemplo de atendimento feito a um estudante:

Profissional: Olá, aprecio que tenha vindo. (**introdução, afirmação**).

Assistido: Eles disseram que eu tinha que vir aqui ou seria expulso.

Profissional: Sim, eu compreendo. De qualquer forma, que bom que veio. Deve ser desconfortável determinarem a você o que fazer e ainda ter que falar sobre seu consumo de álcool com um profissional. (**afirmação, reflexão**).

Assistido: Sim, não foi minha escolha sobre o que fazer hoje. Mas, talvez não seja tão ruim.

Profissional: Que bom! Começarei fazendo algumas perguntas para saber um pouco sobre você. Pedirei que preencha alguns formulários, para depois lhe oferecer um *feedback* sobre o que percebermos. Tudo o que dissermos aqui é confidencial, contudo, preciso relatar ao diretor que você compareceu, mas não incluirei nada do que você disse. (**explicação**)

Em seguida, faça uma pergunta aberta sobre o uso de álcool e uma reflexão a partir da resposta dada. Por exemplo:

- "Conte-me um pouco sobre o seu consumo de álcool.",
- "Ajude-me a entender um pouco mais sobre como você bebe."

A frequência nas reflexões demonstra que o profissional está atento:

Profissional: Conte-me sobre o seu comportamento de beber. (**pergunta aberta**)

Assistido: Não bebo muito, mais nos finais de semana, quando estou com amigos.

Profissional: Principalmente com os amigos, nos finais de semana. Isso me parece uma questão social. E durante a semana? (**reflexão, pergunta aberta**)

Assistido: Talvez uma ou duas vezes.

Profissional: Então, nos finais de semana e umas duas vezes durante a semana. Quando você bebe no final de semana, quantas doses geralmente toma? **(reflexão, pergunta evocativa)**

Outras questões podem ser incluídas na sessão inicial para conhecimento dos aspectos positivos e negativos do comportamento de beber.

Seguem alguns exemplos de perguntas evocativas, a saber:

- "Quais são as coisas boas quando você bebe?"
- "Que coisas não gosta quando bebe?"
- "Com quem tem o hábito de beber?"
- "Conte-me sobre um episódio recente em que tenha exagerado na bebida. Quais as situações que o levam a beber mais?"

Informações adicionais ajudam a entender o consumo de bebida alcoólica do assistido, sendo importante explorar as suas razões. Um grande número de pessoas são bebedores sociais e este é um tópico que sempre surge quando há discussão sobre padrões de bebida. Pode ocorrer que o assistido considere o seu hábito de beber igual ao de outra pessoa. Dessa forma, cabe ao profissional manter uma posição neutra frente a essa percepção. O importante é que, ao conversar sobre o seu comportamento, o assistido tenha uma experiência positiva de ser ouvido, de não ser julgado e não direcionado ao que deve fazer.

Ao final da sessão, o profissional oferece um resumo do encontro, incluindo as dúvidas, as potenciais dificuldades ou estratégias para reduzir o consumo e solicitar ao assistido que faça comentários sobre a sessão, com a finalidade de evidenciar os pontos importantes e os planos (se houver) que ele decidiu elaborar. Finalizar a sessão de forma positiva, favorecendo a procura pelo serviço novamente.

A seguir, veja o exemplo de um empregado, conversando com um profissional da área da saúde da empresa, ainda pré-contemplativo:

Profissional: Estamos chegando ao final da sessão, então resumindo: parece-me que o seu consumo é variável, algumas vezes menor e em outras, maior. Também acha que as festas de domingo atrapalham seu rendimento da semana. E ainda, é difícil pensar em razões para mudar quando vê outras pessoas que bebem como você. Parece ser normal. Está confiante de que pode mudar se você decidir por isso. Diante do que partilhei com você, gostaria de saber o que pensa a respeito. (**resumo, pergunta aberta**)

Assistido: Ainda não vejo como um problema... Sim, eu bebo, mas há muita gente que bebe como eu e não tem problema. Às vezes, penso que meu chefe quer pegar no meu pé.

Profissional: Parece que você tem muito em que pensar. (**reflexão**)

Assistido: Sim.

Neste caso, o profissional não deve buscar um plano de ação, mas encorajar o trabalhador a ponderar sobre o que conversaram.

Conheça o exemplo de um estudante que decidiu mudar durante a sessão:

Profissional: Estamos quase no fim da nossa sessão e falamos sobre muitas coisas relacionadas a seu hábito de beber, sua preocupação com as notas, em priorizar esforços para realizar mudanças. Gostaria de saber o que você vai fazer com tudo isso? (**resumo, pergunta aberta**)

Assistido: Eu não sei... Parece que eu tenho que fazer alguma coisa sobre a bebida.

Profissional: Estou entendendo que você considera fazer alguma mudança. (**reflexão**)

Assistido: Sim, eu nunca penso em mim como um bebedor exagerado. Eu imagino que bebo tanto quanto qualquer um. Mas está realmente afetando minhas notas e não posso me permitir perder a bolsa de estudos.

Profissional: Então, aonde isso leva você? (**pergunta aberta**)

Assistido: Eu não beberei novamente. Tomei a decisão.

Profissional: É uma grande mudança. Como você quer fazer isso? (**reforço e pergunta aberta**)

Apesar do empenho do profissional durante a intervenção, pode acontecer do assistido sair da sessão como pré-contemplador ou contemplador.

O profissional deve suscitar a necessidade de mudança do assistido, de forma a intensificar esse processo e possibilitar que ele se mova pelos estágios de mudança. Um dos aspectos da Entrevista Motivacional é encorajar a pessoa a expressar suas razões e planos para que a mudança aconteça e se sentir fortalecida para concretizá-las por ela mesma.

A Importância de Falar sobre Mudanças

São poucas as pessoas que realmente demonstram claro interesse em mudar. Para muitos, é necessário plantar a semente da mudança, estimular o pensamento de forma diferente e fazer com que a mudança pareça mais atrativa ou possível no futuro. Não há regras para determinar quando isso irá acontecer.

Por mais que informações e sugestões de um profissional possam ajudar, é ideal que o assistido chegue ao seu próprio plano. Contudo, se ele parecer motivado, mas com dificuldade para identificar formas de reduzir danos, torna-se apropriado oferecer-lhe um cardápio de opções.

- "Alguns acham que isso pode ajudar... Qual dessas alternativas você acha que funcionariam para você?".
- "Então, eu lhe dei algumas sugestões, mas ao final, você definirá qual delas pode funcionar para você".

Veja um exemplo:

Profissional: Se você me permite, gostaria de fazer algumas considerações: há muitas formas de reduzir riscos; algumas pessoas acham mais fácil parar de beber totalmente, enquanto outras pressupõem que um período experimental de beber moderadamente pode ajudá-las a definir se é possível beber com controle. (**aconselhar**)

Assistido: O que você quer dizer?

Profissional: Bem, se tiver interesse, eu gostaria que definíssemos alguns limites para beber que façam sentido para você, como quanto você irá beber ou com que frequência. Você faz essa experiência e discutiremos sobre isso em nosso próximo encontro. O que você acha? (**explicação e proposta de um plano de ação**)

O profissional pode aconselhá-lo a reduzir a quantidade de bebida e/ou reduzir a frequência de episódios de beber e oferecer-lhes opções para a escolha da meta:

- Não beber toda a quantidade estipulada em uma única vez.
- Não beber em situação de risco. Ex. beber e dirigir, sexo sem proteção e brigas.
- Um número máximo de doses por hora que o assistido pode consumir. É importante notar que o uso de destilados, devido sua maior concentração alcoólica, acaba sendo mais tóxico. Logo, o tipo da bebida também interfere no consumo máximo por hora.
- Um número máximo de doses por evento, no qual o assistido não deve exceder. Um consumo de risco seriam

cinco ou mais doses de bebida alcóolica de uma só vez para homens e de quatro ou mais doses para mulheres.

No planejamento da intervenção, não é sensato forçar o assistido a fazer uma escolha. Um foco prematuro para a mudança pode levá-lo à opção mais fácil e menos complicada de manter a situação como está.

A meta do assistido poderá ser diferente em relação à do profissional. Enquanto a abstinência parece ser a alternativa mais óbvia para o profissional, o assistido pode preferir experimentar um período de moderação, controle ou um consumo com menor risco.

É necessário promover a discussão de estratégias específicas para o consumo moderado, tais como: identificar o que o assistido busca com a bebida; escolher limites apropriados; identificar situações de risco; treinar habilidades para a recusa e monitorar o consumo quando optar por beber.

Para ajudar o assistido a chegar a um plano de mudança, o profissional deverá perguntar-lhe sobre as dificuldades que imagina encontrar, como ambientes de risco (confraternizações, festas), emoções (raiva, medo) ou relacionamentos (encontrar garotas, amigos). Se o assistido conseguir se sair bem em uma determinada situação, poderá se sentir mais confiante na próxima. Por outro lado, se for incapaz de manter seu objetivo, poderá se sentir enfraquecido. É importante que o profissional reforce que um deslize não deve desencorajá-lo ao ponto de fazê-lo desistir da mudança.

Exercícios Motivacionais

1. Coisas boas e coisas não tão boas (10 a 15 minutos)

Há a possibilidade do assistido não se engajar facilmente nas sessões individuais de longa duração. Os exercícios apresentados a seguir são desenhados para: instigar discussões de prós e contras sobre o consumo de álcool e/ou outras substâncias, destacar padrões de consumo, explorar e entender as razões que o levam ao uso e podem ser utilizados mediante necessidade, como uma estratégia complementar.

As pessoas consomem álcool e/ou outras substâncias por diversas razões e na percepção delas existem alguns benefícios reais, mesmo nos comportamentos mais problemáticos. A atividade "Coisas boas e Coisas não tão boas" auxilia o assistido a explorar a ambivalência sobre seu consumo. O exercício pode ser conduzido de duas formas: uma sobre o atual comportamento, dessa forma solicitar ao assistido que faça duas listas: "Coisas boas sobre usar" e "Coisas não tão boas sobre usar". A outra sobre a mudança, solicitando que faça duas listas: "Razões para mudar" e "Razões para continuar da mesma forma".

No exemplo a seguir, o profissional pede para o assistido identificar prós e contras sobre o comportamento de beber, iniciando com as "Coisas boas" e fazendo algumas reflexões sobre as respostas. Em seguida, faz o mesmo com as "Coisas não tão boas".

Profissional: Gostaria de propor um pequeno exercício, o que você acha? Você pode me falar quais as coisas que você aprecia quando bebe? (**pedir permissão, pergunta aberta**)

Assistido: Não sei. Acho que é divertido quando você está com amigos.

Profissional: Para se dar bem com as pessoas ou para se animar. E o que mais? (**reflexão, pergunta aberta**)

Assistido: Acho que me ajuda a relaxar.

Profissional: Certo, então você está me dizendo que diversão e relaxamento são as coisas boas de beber. Algo mais? Vejamos o outro lado: Quais as coisas não tão boas quando bebe? (**reflexão e pergunta aberta**)

Assistido: Ressaca, vômito, *blackout*, ganho de peso...

A **Figura 5** apresenta exemplos que estão relacionados aos aspectos positivos e negativos do consumo de álcool.

Figura 5 – Lista com exemplos de coisas boas e coisas não tão boas (Adaptado pelas autoras de Walters e Baer, 2006)

Coisas boas ao beber	Coisas não tão boas ao beber
Facilita a interação social.	Vômitos, ressaca.
Ficar bem com os amigos.	Engordar.
Ajuda a relaxar.	Gasto financeiro.
Matar a sede.	Críticas de familiares ou namorada (o).
Aliviar a dor.	Amnésia ou *blackout.*
Prazer.	Receber lição de moral.

Ao gerar essas listas, o assistido consegue ilustrar seu dilema: dois sentimentos sobre a mesma coisa. Resumo e reflexão retratam isso muito bem:

Profissional: Então, parece que o álcool apresenta uma contradição para você. Por um lado, beber ajuda a se enturmar com amigos e a relaxar depois de um dia pesado. Por outro lado, você acaba bebendo mais do que queria. (**resumo**)

Assistido: Sim, e isso incomoda minha namorada. Ela não é contra a bebida, mas eu posso me tornar um idiota quando bebo. É muito difícil.

Profissional: É uma dificuldade não saber o que fazer. (**reflexão**)

Em relação à mudança, também há prós e contras que podem ser evidenciados seguindo os procedimentos já apresentados anteriormente, ao fazer duas listas: "Razões para mudar" e "Razões para não mudar".

Profissional: Deixe-me resumir. De um lado, você gosta de beber porque o ajuda a esquecer de algumas coisas e fica mais relaxado. Sente medo de perder os amigos se parar de beber e não sabe o que fazer se não estiver bebendo. Por outro lado, identificou algumas razões para parar. Desde o mês passado, você sente mais cansaço e isso definitivamente está atrapalhando a sua vida. Sua namorada está preocupada com seu hábito de beber, que está fora de controle. Sobre parar, você acha que terá alguns benefícios, como sentir-se melhor fisicamente e ficar mais atraente. Entendi direito? (**resumo**)

Assistido: Sim, é isso mesmo.

Profissional: Você parece estar em cima do muro. (**reflexão**)

Este exercício não leva necessariamente a uma fala de mudança. Entretanto, após explorar os aspectos positivos e negativos do beber, o profissional poderá refletir sobre a ambivalência e fazer algumas perguntas chaves, como:

- "O que você acha destas listas?"
- "Alguma ideia sobre como você pode alterar essa balança sobre mudança"? Mais "Razões para mudar" e menos "Razões para não mudar".
- "Se você optar por não beber, de que forma você poderia continuar recebendo os benefícios que o álcool lhe traz hoje?"

Alguns profissionais relutam em aplicar essa atividade, pois temem que, ao permitir que o assistido fale sobre os benefícios de beber, validem esse comportamento. É importante compreender que não se trata de concordar com o comportamento, mas apenas reconhecer que, de fato, ele experimenta alguns benefícios ao beber.

Esse exercício possibilita identificar o estágio da fala de mudança, pois permite ao assistido se expressar abertamente sobre seu consumo, reconhecer potenciais barreiras de mudança e visualizar os prós e contras que facilitam a tomada de decisão para a mudança. A título de sugestão, o facilitador pode se valer da ***Atividade I do "Oráculo de Prevenção" (Vide capítulo 5).***

2. *Feedback* sobre o consumo de álcool (20 a 40 minutos)

A maioria das intervenções de *feedback* é estruturada de acordo com uma avaliação de saúde: o assistido passa por uma avaliação inicial e depois recebe os resultados do profissional. O *feedback* consiste em itens que são pensados com foco na mudança, tais como:

1. Quantidade e frequência ao consumir álcool e/ou outras substâncias.

2. Comparação entre o consumo de substâncias e as normas/leis, substâncias licitas e ilícitas (o que é permitido ou não).

3. O impacto financeiro do gasto com substâncias no orçamento familiar.

4. Nível de tolerância e consequências físicas em relação ao consumo de substâncias.

5. AUDIT, ASSIST e outros testes de triagem (Anexos 1 e 2).

6. Comportamentos de risco relacionados ao consumo de álcool e outras substâncias.

7. Percepções a respeito do próprio consumo.

É necessário saber que não faz parte dessa etapa: dar conselhos, educar, fazer apontamentos ou chegar a conclusões. É importante resistir ao desejo natural de tornar-se diretivo, deixando o *feedback* falar por si próprio.

Veja o exemplo de um empregado que recebe *feedback* sobre consequências negativas atribuídas ao álcool:

Profissional: Você mencionou que faltou ao trabalho por duas vezes no mês passado, como consequência de ter bebido.

Assistido: Não foi nada de mais.

Profissional: Isso não parece ter sido importante para você. (**reflexão**)

Assistido: Não mesmo.

Profissional: Você poderia falar o que aconteceu? (**pergunta aberta**)

Assistido: Eu simplesmente não consegui levantar da cama e dormi de novo. Mas está tudo bem.

Profissional: Então você exagerou na bebida, teve dificuldade para sair da cama de manhã e não conseguiu ir para o trabalho (pausa). Agora me fale sobre o fato de você dirigir após ter bebido. (reflexão, solicitar colaboração)

Assistido: Sei que não foi a coisa mais inteligente, mas era uma distância pequena até minha casa.

Profissional: Acabou dando certo, mas você entende que isso não é exatamente a coisa mais segura a ser feita. (**reflexão**)

Assistido: Sim, eu não deveria ter feito aquilo.

Apesar do assistido minimizar, o profissional procura evocar as preocupações que ele possa ter. Pode ser tentador confrontá-lo com mais informações na tentativa de persuadi-lo diretamente. Porém, o *feedback* é mais potente quando fala por si mesmo, enquanto o profissional é meramente um guia.

Ao terminar o exercício, sugere-se resumir as informações do *feedback* e as respostas do assistido em uma questão: "O que você pretende fazer com tudo isso?"

3. Novos Caminhos (10 a 15 minutos)

A atividade "Novos Caminhos"[6] é um exercício para ajudar o assistido a identificar porque consome substâncias.

Inicie a atividade com perguntas relacionadas aos Gatilhos e peça ao assistido que registre as respostas na primeira coluna da **Figura 6**. Em seguida, diga-lhe que coloque as respostas na coluna ao lado, em relação aos Efeitos, sobre o que ele aprecia ao consumir a sustância. Na sequência, peça-lhe que relacione os gatilhos e efeitos, ligando-os por uma linha. Numa terceira coluna, oriente-o a liostar as estratégias alternativas de enfrentamento. As estratégias são discutidas de forma hipotética.

O assistido é convidado a preparar uma lista com os comportamentos que pode ter se optar por não beber. Ao final, peça-lhe que faça uma lista de estratégias de baixo risco para a próxima sessão.

Figura 6 – Novos Caminhos (Adaptado de Miller e Pechacek, 1987)

Gatilhos	Efeitos	Estratégias alternativas de enfrentamento
Perguntas: "Quando você sente mais vontade de usar?" "Qual a maior dificuldade para você não usar?"	Perguntas: "Que coisas você aprecia no uso de ....?" "Quais são as coisas boas relacionadas ao seu comportamento de usar?"	Listar comportamentos alternativos que pode ter, se escolher não beber.
<u>Respostas</u> Vergonha. Tensão. Ansiedade. Medo. Insegurança.	<u>Respostas</u> Relaxar. Confiança. Descontrair.	<u>Respostas</u> Atividade física (futebol). Beber água. Dançar. Conversar.

Veja um exemplo:

Profissional: Ajude-me a entender um pouco mais sobre como você bebe. Você antes mencionou que bebe em festas. O que você sente antes de beber? Quero dizer, o que suscita em você a vontade de beber? (**explicação, pergunta aberta**)

Assistido: Acho que bebo para descontrair.

Profissional: Então, o álcool lhe deixa mais relaxado. O que mais? (**reflexão, pergunta aberta**)

Assistido: Beber me ajuda a chegar em uma garota. Não sou o cara mais confiante do mundo.

Profissional: Certo, então você gostaria de se aproximar de uma garota, mas fica com receio de não saber o que falar. (**reflexão**)

Assistido: Sim, me ajuda a não ficar com medo... a ser mais seguro... (**registrar na coluna Gatilhos**).

Profissional: É uma boa lista. Agora, que tal falarmos sobre as coisas de que você gosta depois de beber? (**afirmação, pergunta aberta**)

Assistido: Bem, me ajuda a dormir.

Profissional: Dormir; vou registrar na coluna Efeitos. E o que mais? (**reflexão, pergunta aberta**)

Assistido: Como mencionei antes, sinto-me mais confiante quando bebo. É mais fácil encontrar pessoas.

Profissional: Confiança. O que mais? (**continuar registrando na coluna Efeitos**) (**reflexão, pergunta aberta**)

Em seguida, utilizando linhas, o assistido deve estabelecer as conexões entre os Gatilhos e Efeitos. Por exemplo: "vergonha" da coluna Gatilhos pode se conectar a "relaxar" na coluna Efeitos. Ao final, todos os itens de cada lista devem se conectar a um ou mais itens da outra lista.

Profissional: Quando você se sente "tenso ou ansioso" e você usa alguma substância, quais dessas coisas acontecem (apontar para os itens da coluna Efeitos)? (**Pergunta aberta**)

Assistido: Humm... Acho que liga com "sentir-me relaxado".

Profissional: Certo. E quanto ao "medo"? (**Pergunta aberta**)

Assistido: Creio que quando a confiança cresce, eu faço coisas que em sã consciência não faria.

O profissional inicia o levantamento das estratégias alternativas de enfrentamento. Por exemplo: se o assistido escolhe não beber, outra forma de diminuir a tensão pode ser jogar futebol. Ao invés de matar a sede com bebida alcoólica, ele pode beber água. A terceira coluna lista os Efeitos com as estratégias alternativas.

4. Explorando Valores (15 a 20 minutos)

Todo ser humano tem valores em que acredita. Uma pessoa pode ter a família, o desenvolvimento profissional, o estudo, a religião como valores para sua vida, mas seu consumo de substâncias pode levá-la a se tornar uma pessoa agressiva, violenta, relapsa, faltar ao trabalho ou não cumprir com seus compromissos, gerando um conflito entre seus valores e o seu comportamento.

A proposta desse exercício é resgatar valores pessoais e estimular o assistido a refletir sobre como o consumo de substâncias entra em conflito com seus valores, a fim de promover a discrepância entre os seus desejos e o seu momento de vida atual, bem como aumentar a prontidão para a mudança.

O exercício consiste em escrever quais são os principais valores da sua vida (trabalho, filhos, saúde, segurança financeira, amigos, etc.) na coluna da esquerda, como mostra a **Figura** 7. Na coluna da direita, escrever de que maneira o consumo de substâncias pode interferir nesses valores.

Figura 7 – Explorando Valores
(adaptado pelas autoras de Figlie e Payá, 2013)

O que é mais importante para mim (meus valores)	Como o uso de substâncias interfere nos meus valores? Como posso buscar/cultivar esse valor em minha vida?
Família.	Respostas: "O álcool me deixa mais agitado, dependendo da situação sai até briga."
Amigos.	"Às vezes as pessoas não se aproximam de mim quando bebo, me evitam."
Trabalho/ carreira.	"Tenho faltado algumas vezes porque não aguento ir trabalhar."
Saúde.	"Deixo de me alimentar e me sinto fraco."

Após o preenchimento, diga ao assistido para fazer um resumo dos aspectos mais relevantes trabalhados, identificando valores pessoais importantes de modo a gerar percepção sobre quais pensamentos e atitudes são conflitantes a aumentar a motivação para a mudança.

Conheça alguns exemplos de perguntas que podem auxiliar na discussão:

- Quais são os seus valores pessoais?
- Como o seu consumo de substâncias interfere nos seus valores?
- Quais valores você gostaria de dar mais importância na sua vida hoje?
- O que você pode fazer para estar em contato frequente com os seus valores?

- Seguem alguns exemplos de valores: Amor – Perdão – Família/ Relacionamentos – Realização profissional – Amizade – Sucesso financeiro – Autoestima – Crescimento pessoal – Beleza ou atratividade física – Saúde física – Reconhecimento – Bondade – Diversão – Religião/Fé – Cultura – Liberdade Pessoal.

A título de sugestão, o facilitador aqui pode se valer da **Atividade II do "Oráculo de Prevenção"** *(Vide capítulo 5).*

5. Cartões de Automonitoramento (10 a 29 minutos, dois encontros)

Automonitoramento é uma forma de sensibilizar para padrões de consumo e registrar o que, quanto e em qual circunstância ocorre o consumo de álcool e/ou outras substâncias. Os cartões de automonitoramento fornecem informações que podem ser úteis como um *feedback*. São necessários ao menos dois encontros – um para explicar como completar os cartões e outro (ou outros) para revisar os registros.

Na primeira sessão, peça ao assistido que faça anotações diárias sobre seu consumo até o próximo encontro. A **Figura 8** apresenta um modelo de cartão a ser preenchido pelo assistido nos espaços indicados de cada dia, quanto consumiu, a que hora do dia, onde estava, o tipo de substância consumida e a soma das doses. Para se chegar a bons resultados, os cartões devem ser preenchidos o mais rápido possível após o consumo. Pergunte ao assistido quais dificuldades ele acha que pode encontrar para completar esses cartões.

Figura 8 – Cartão de Automonitoramento

	Segunda	Terça	Quarta	Quinta	Sexta	Sábado	Domingo
Manhã							
Tarde							
Noite							

Veja a seguir um exemplo como ilustração:

Profissional: Gostaria de convidá-lo a registrar seu consumo de substâncias a partir de agora até o nosso próximo encontro. Não estou pedindo que mude nada, apenas que mantenha um pequeno diário para registrar o que usou a fornecer um panorama sobre isso. Para um resultado preciso, preencha-o diariamente e enquanto está consumindo, a evitar o esquecimento. (**instrução**)

Assistido: Você quer que eu preencha isso até no meio de uma festa?

Profissional: Na verdade, sim. É um pouco estranho, mas isso irá ajudá-lo a entender suas decisões. Como você pode manejar isso? Há algo que possa fazer para deixar isso mais fácil? (**instrução, pergunta aberta**)

Assistido: Eu poderia ir ao banheiro para fazer minhas anotações.

Profissional: Perfeito! O que funcionar para você e como você se sentir mais a vontade (**afirmação**)

Assistido: Tudo bem se registrar depois da festa?

Profissional: Sim. Penso que seria melhor se registrasse na hora, mas faça o que for melhor para você. Você escolhe! (**empatia com a escolha pessoal**)

Assistido: E se eu me esquecer de preencher?

Profissional: Boa pergunta. Se realmente tiver dificuldade de preencher à noite, faça isso no dia seguinte. Mas a informação é mais precisa e útil quando é feita o mais breve possível do consumo. (**afirmação, instrução**)

Converse com o assistido sobre os cartões de automonitoramento na próxima sessão. Inicie com uma pergunta aberta: "Como anda o registro diário dos cartões?" Desenvolva o exercício e finalize-o perguntando sobre o que ele aprendeu com essa tarefa, quais os *insights*, ou seja, qual a compreensão, entendimento ou pensamentos que ele teve como resultado.

Terminada a revisão dos cartões, pergunte se ele gostaria de colocar uma nova meta sobre seu comportamento de consumo e encoraje-o a repetir o exercício na sessão seguinte.

Exemplo de uma Intervenção baseada na Entrevista Motivacional (4 sessões de 60 minutos cada)

Para finalizar o capítulo, há o exemplo de uma **Intervenção baseada na Entrevista Motivacional** que consiste em uma sessão de avaliação inicial e mais três encontros subsequentes[8].

Na primeira sessão, o assistido é orientado a efetuar o protocolo clínico, a preencher os formulários de avaliação e a programar as sessões seguintes. As informações da avaliação são utilizadas para gerar o *feedback* da segunda sessão.

Na segunda sessão, há a apresentação do *feedback com vistas a a*judar o assistido a explorar e resolver sua ambivalência.

Na terceira sessão ocorre a ênfase das técnicas de habilidades de enfrentamento de situações.

Na quarta e última sessão, busca-se o esclarecimento de valores e o planejamento do futuro. Vale ressaltar que, embora este exemplo seja de quatro sessões, a entrevista motivacional pode ser efetiva com apenas duas ou três sessões. **Vide Figura 9.**

Figura 09 – Estrutura da intervenção, baseada na Entrevista Motivacional. Adaptada de Walters e Baer, 2006

Encontros	Atividades sugeridas
Sessão 1	1. Orientar o assistido para o protocolo: número de sessões, tempo dos encontros, foco das sessões, procedimentos de notificação. 2. Entregar os instrumentos de avaliação e explicar que essas informações o ajudarão a melhor compreender a situação atual. Encorajar o assistido a ser honesto em suas repostas, pois assim possibilitará um perfil real do seu comportamento de consumo, o qual será apresentado na sessão seguinte. 3. Se houver tempo, introduzir os cartões de automonitoramento. Fornecer os cartões, explicando como preenchê-los e dizer que juntos os revisarão na próxima sessão.
Sessão 2	1. Agradecer ao assistido pela presença. Rever as normas de confidencialidade. Definir a estrutura básica da sessão. Agradecê-lo por ter preenchido as avaliações e dizer que serão apresentadas algumas informações que poderão ajudá-lo. 2. Fornecer *feedback* sobre a avaliação. 3. Iniciar com uma pergunta aberta sobre o uso de álcool ou outras substâncias. Com as informações do *feedback*, é possível obter evidências sobre o consumo e fatores de risco e fazer reflexões por meio das respostas. • Conte-me um pouco sobre seu comportamento de beber. • Quando você está mais (ou menos) propenso a beber? • Em quais circunstâncias é mais difícil não beber? • Na sua experiência, quais as coisas boas ao beber? E quais as coisas não tão boas? 4. Explorar a ambivalência sobre o consumo de substâncias; Sugestão da atividade: "Coisas boas, Coisas não tão boas".

Encontros	Atividades sugeridas
Sessão 3	1. Agradecer a presença. Rever o material contemplado na sessão anterior. Perguntar sobre como o assistido passou desde a última sessão, incluindo algum deslize que possa ter ocorrido, o que ele aprendeu com essas situações e o que ele gostaria de fazer diferente no futuro. Discutir sobre momentos em que poderia ter evitado situações de risco e reforçar seu empenho para manter-se protegido em situações difíceis. 2. Conduzir a atividade "Novos Caminhos". Destacar as maneiras do assistido fazer uso de substâncias psicoativas para atingir resultados específicos. Discutir os efeitos que está procurando ou os contextos em que ele realiza um uso nocivo. Explorar maneiras de se chegar aos mesmos resultados sem usar. 3. Definir com o assistido as estratégias para consumo de baixo risco. Discutir caminhos específicos para minimizar riscos. Caso tenha permissão, fornecer sugestões sobre recusa de substâncias, habilidades sociais, treino de relaxamento e monitoramento do consumo. 4. Pedir ao assistido sua "Definição de Objetivos" para a sessão seguinte. Dizer que está interessado em saber quais metas e estratégias acha que funcionarão. Encorajá-lo a experimentar uma estratégia antes da próxima sessão. 5. Resuma e encerre a sessão. Se apropriado, agende uma nova sessão e diga-lhe que está disponível para lhe dar assistência ou suporte.

Encontros	Atividades sugeridas
Sessão 4	1. Agradecer a presença. Rever o material contemplado na sessão anterior. Perguntar sobre como passou desde a última sessão, incluindo algum deslize que possa ter ocorrido, o que ele aprendeu com essas situações e o que gostaria de fazer diferente no futuro. Discutir sobre momentos em que poderia ter evitado situações de risco e valorizar seus esforços para manter-se protegido em situações difíceis. 2. Ver a tarefa. Solicitar que o assistido elabore estratégias para reduzir riscos. Se apropriado, pedir que elabore metas relacionadas. Fazer reflexões e resumir o plano de ação. 3. Introduzir a atividade "Explorando Valores". Se apropriado, traçar um novo plano de ação e fornecer um cardápio de opções. O profissional também poderá introduzir o Baralho (***vide capítulo 5 –"Oráculo de Prevenção"***). 4. Resumir e encerrar a sessão. Se apropriado, traçar um novo plano de ação com o assistido e fornecer um cardápio de opções. Informá-lo que está disponível para dar-lhe assistência ou suporte, se necessário.

Referências

1. BABOR, TF. et al. *The alcohol use disorders identification test: guidelines for use in primary care.* [Internet] 2. ed. Genebra: World Health Organization, 2001. Disponível em: <http://www.talkingalcohol.com/files/pdfs/WHO_audit.pdf>. Acesso em: 26 nov. 2016.

2. FIGLIE, NB.; PAYÁ, R. *Dinâmicas de Grupo e Atividades Clínicas Aplicadas ao Uso de Substâncias Psicoativas.* 1 ed. São Paulo: Roca-Grupo Gen; 2013. p.140-141.

3. HENRIQUE, IFS. et al. *Validação da versão brasileira do teste de triagem do envolvimento com álcool, cigarro e outras substâncias* (ASSIST). Rev. Assoc. Med. Bras. 2004. 50(2):199-206.

4. HUMENIUK, RE. et al. (2010). *The Alcohol, Smoking and Substance Involvement Screening Test* (ASSIST): manual for use in primary care. Geneva, World Health Organization.

5. MÉNDEZ, B. *Uma versão brasileira do AUDIT – Alcohol Use Disorders Identification Test* [dissertação]. Pelotas: Universidade Federal de Pelotas, Faculdade de Medicina, Departamento de Medicina Social; 1999.

6. MILLER, WR; PECHACEK, TF. *New Roads*: assessing and treating psychological dependence. J Subst Abuse Treat, 1987; 4(2):73-7.

7. MILLER, WR; ROLLNICK, S. *Motivational interviewing*: Preparing people for change. 2. ed. New York: Guilford Press, 2002.

8. WALTERS, ST; BAER, JS. *Talking with college students about alcohol: motivational strategies for reducing abuse*. New York: Guilford Press, 2006. p. 212.

9. *WHO – World Health Organization* [*homepage* na internet]. The ASSIST questionnaire version 3.0 (portuguese) Disponível em: <http://www.who.int/substance_abuse/activities/assist_portuguese.pdf.>. Acesso em: 8 fev. 2017.

Anexo 1[5]

Vou fazer algumas perguntas sobre seu consumo de álcool ao longo dos últimos 12 meses. Marque a pontuação de cada resposta e some ao final.

1. Com que frequência você consome bebidas alcoólicas?

   (0) Nenhuma.

   (1) Mensalmente ou menos.

   (2) De 2 a 4 vezes por mês.

   (3) De 2 a 3 vezes por semana.

   (4) 4 ou mais vezes por semana .

2. Nas ocasiões em que bebe, quantas doses você costuma beber?

   (0) 1 ou 2.

   (1) 3 ou 4.

   (2) 5 ou 6.

   (3) 7, 8 ou 9.

   (4) 10 ou mais.

3. Com que frequência que você consome seis ou mais doses (doses-padrão) de uma vez?

   (0) Nunca.

   (1) Menos do que uma vez ao mês.

   (2) Mensalmente.

   (3) Semanalmente.

   (4) Todos ou quase todos os dias.

4. Quantas vezes, ao longo dos últimos 12 meses, você achou que não conseguiria parar de beber depois de ter começado?

(0) Nunca.

(1) Menos do que uma vez ao mês.

(2) Mensalmente.

(3) Semanalmente.

(4) Todos ou quase todos os dias.

5. Quantas vezes, ao longo dos últimos 12 meses, por causa do álcool, não conseguiu fazer o que era esperado de você?

(0) Nunca.

(1) Menos do que uma vez ao mês.

(2) Mensalmente.

(3) Semanalmente.

(4) Todos ou quase todos os dias.

6. Quantas vezes, ao longo dos últimos 12 meses, depois de ter bebido muito no dia anterior, você precisou beber pela manhã para se sentir melhor?

(0) Nunca.

(1) Menos do que uma vez ao mês.

(2) Mensalmente.

(3) Semanalmente.

(4) Todos ou quase todos os dias.

7. Quantas vezes, ao longo dos últimos 12 meses, você se sentiu culpado ou com remorso depois de ter bebido?

(0) Nunca.

(1) Menos do que uma vez ao mês.

(2) Mensalmente.

(3) Semanalmente.

(4) Todos ou quase todos os dias.

8. Quantas vezes, ao longo dos últimos 12 meses, você foi incapaz de se lembrar do que aconteceu na noite anterior, por causa de ter bebido?

(0) Nunca.

(1) Menos do que uma vez ao mês.

(2) Mensalmente.

(3) Semanalmente.

(4) Todos ou quase todos os dias.

9. Algumas vezes na vida você já causou ferimentos ou prejuízos a você mesmo ou a outra pessoa após ter bebido?

(0) Não.

(2) Sim, mas não nos últimos 12 meses.

(4) Sim, nos últimos 12 meses.

10. Alguma vez na vida algum parente, amigo, médico ou outro profissional da saúde já se preocupou com o seu modo de beber ou sugeriu que você diminuísse ou parasse de beber?

(0) Não.

(2) Sim, mas não nos últimos 12 meses.

(4) Sim, nos últimos 12 meses.

Escore Total: ______________

EQUIVALÊNCIAS DE DOSES DE DIVERSAS BEBIDAS PARA DOSES PADRÃO

1 "DOSE" (contém 14g de álcool puro)

- **Cerveja:** 1 copo de chope (350 ml) ou 1 lata = 1 "DOSE".
  1 garrafa (600 ml) = 2 "DOSES".
  1 garrafa (1 litro) = 3 "DOSES".
- **Vinho:** 1 taça (140 ml) = 1 "DOSE".
  1 garrafa (750 ml) = 5 "DOSES".
- **Cachaça, Vodca, Uísque ou Conhaque:** "meio copo americano" (60 ml) = 1,5 "DOSES".
  1 garrafa (1 litro) = 25 "DOSES".
- **Uísque, rum, licor, etc.:** 1 "dose de dosador"(40 ml) = 1 "DOSE".

Anexo 2

Nome:______________________________________ Registro ____________

Entrevistador: _____ DATA:___/___/____

ASSIST - OMS

QUESTIONÁRIO PARA TRIAGEM DO USO DE ÁLCOOL, TABACO E OUTRAS SUBSTÂNCIAS.

1. Na sua vida qual(is) dessa(s) substâncias você já usou? *(somente uso não prescrito pelo médico)*	NÃO	SIM
a. derivados do tabaco	0	3
b. bebidas alcoólicas	0	3
c. maconha	0	3
d. cocaína, crack	0	3
e. anfetaminas ou êxtase	0	3
f. inalantes	0	3
g.hipnóticos/sedativos	0	3
h. alucinógenos	0	3
i. opióides	0	3
j. outras, especificar	0	3

- **SE "NÃO" em todos os itens investigue: Nem mesmo quando estava na escola?**
- **Se "NÃO" em todos os itens, pare a entrevista**
- **Se "SIM" para alguma droga, continue com as demais questões**

2. Durante os três últimos meses, com que freqüência você utilizou essa(s) substância(s) que mencionou? *(primeira droga, depois a segunda droga, etc)*	NUNCA	1 OU 2 VEZES	MENSALMENTE	SEMANALMENTE	DIARIAMENTE OU QUASE TODOS OS DIAS
a. derivados do tabaco	0	2	3	4	6
b. bebidas alcoólicas	0	2	3	4	6
c. maconha	0	2	3	4	6
d. cocaína, crack	0	2	3	4	6
e. anfetaminas ou êxtase	0	2	3	4	6
f. inalantes	0	2	3	4	6
g.hipnóticos/sedativos	0	2	3	4	6
h. alucinógenos	0	2	3	4	6
i. opióides	0	2	3	4	6
j. outras, especificar	0	2	3	4	6

- **Se "NUNCA" em todos os itens da questão 2 pule para a questão 6, com outras respostas continue com as demais questões**

3. Durante os três últimos meses, com que freqüência você teve um forte desejo ou urgência em consumir? *(primeira droga, segunda droga, etc))*	NUNCA	1 OU 2 VEZES	MENSALMENTE	SEMANALMENTE	DIARIAMENTE OU QUASE TODOS OS DIAS
a. derivados do tabaco	0	3	4	5	6
b. bebidas alcoólicas	0	3	4	5	6
c. maconha	0	3	4	5	6
d. cocaína, crack	0	3	4	5	6
e. anfetaminas ou êxtase	0	3	4	5	6
f. inalantes	0	3	4	5	6
g.hipnóticos/sedativos	0	3	4	5	6
h. alucinógenos	0	3	4	5	6
i. opióides	0	3	4	5	6
j. outras, especificar	0	3	4	5	6

4. Durante os três últimos meses, com que freqüência o seu consumo de *(primeira droga, depois a segunda droga, etc)* **resultou em problema de saúde, social, legal ou financeiro?**	NUNCA	1 OU 2 VEZES	MENSALMENTE	SEMANALMENTE	DIARIAMENTE OU QUASE TODOS OS DIAS
a. derivados do tabaco	0	4	5	6	7
b. bebidas alcoólicas	0	4	5	6	7
c. maconha	0	4	5	6	7
d. cocaína, crack	0	4	5	6	7
e. anfetaminas ou êxtase	0	4	5	6	7
f. inalantes	0	4	5	6	7
g.hipnóticos/sedativos	0	4	5	6	7
h. alucinógenos	0	4	5	6	7
i. opióides	0	4	5	6	7
j. outras, especificar	0	4	5	6	7

NOMES POPULARES OU COMERCIAIS DAS DROGAS

a. produtos do tabaco (cigarro, charuto, cachimbo, fumo de corda)

b. bebidas alcóolicas (cerveja, vinho, champagne, licor, pinga uísque, vodca, vermutes, caninha, rum tequila, gin)

c. maconha (baseado, erva, liamba, diamba, birra, fuminho, fumo, mato, bagulho, pango, manga-rosa, massa, haxixe, skank, etc)

d. cocaína, crack (coca, pó, branquinha, nuvem, farinha, neve, pedra, caximbo, brilho)

e. estimulantes como anfetaminas (bolinhas, rebites, bifetamina, moderine, MDMA)

f. inalantes (solventes, cola de sapateiro, tinta, esmalte, corretivo, verniz, tinner, clorofórmio, tolueno, gasolina, éter, lança perfume, cheirinho da loló)

g.hipnóticos, sedativos (ansiolíticos, tranquilizantes, barbitúricos, fenobarbital, pentobarbital, benzodiazepínicos, diazepam)

h. alucinógenos (LSD, chá-de-lírio, ácido, passaporte, mescalina, peiote, cacto)

i. opiáceos (morfina, codeína, ópio, heroína elixir, metadona)

j. outras – especificar:

5. Durante os três últimos meses, com que freqüência, por causa do seu uso de (*primeira droga, depois a segunda droga, etc*), você deixou de fazer coisas que eram normalmente esperadas de você?	NUNCA	1 OU 2 VEZES	MENSALMENTE	SEMANALMENTE	DIARIAMENTE OU QUASE TODOS OS DIAS
a. derivados do tabaco	0	5	6	7	8
b. bebidas alcoólicas	0	5	6	7	8
c. maconha	0	5	6	7	8
d. cocaína, crack	0	5	6	7	8
e. anfetaminas ou êxtase	0	5	6	7	8
f. inalantes	0	5	6	7	8
g.hipnóticos/sedativos	0	5	6	7	8
h. alucinógenos	0	5	6	7	8
i. opióides	0	5	6	7	8
j. outras, especificar	0	5	6	7	8

- **FAÇA as questões 6 e 7 para todas as substâncias mencionadas na questão 1**

6. Há amigos, parentes ou outra pessoa que tenha demonstrado preocupação com seu uso de (*primeira droga, depois a segunda droga, etc...*)?	NÃO, Nunca	SIM, nos últimos 3 meses	SIM, mas não nos últimos 3 meses
a. derivados do tabaco	0	6	3
b. bebidas alcoólicas	0	6	3
c. maconha	0	6	3
d. cocaína, crack	0	6	3
e. anfetaminas ou êxtase	0	6	3
f. inalantes	0	6	3
g.hipnóticos/sedativos	0	6	3
h. alucinógenos	0	6	3
i. opióides	0	6	3
j. outras, especificar	0	6	3

7. Alguma vez você já tentou controlar, diminuir ou parar o uso de ((*primeira droga, depois a segunda droga, etc...*) e não conseguiu?	NÃO, Nunca	SIM, nos últimos 3 meses	SIM, mas não nos últimos 3 meses
a. derivados do tabaco	0	6	3
b. bebidas alcoólicas	0	6	3
c. maconha	0	6	3
d. cocaína, crack	0	6	3
e. anfetaminas ou êxtase	0	6	3
f. inalantes	0	6	3
g.hipnóticos/sedativos	0	6	3
h. alucinógenos	0	6	3
i. opióides	0	6	3
j. outras, especificar	0	6	3

Nota Importante: Pacientes que tenham usado drogas injetáveis nos últimos 3 meses devem ser perguntados sobre seu padrão de uso injetável durante este período, para determinar seus níveis de risco e a melhor forma de intervenção.

8- Alguma vez você já usou drogas por injeção? (Apenas uso não médico)		
NÃO, nunca	SIM, nos últimos 3 meses	SIM, mas não nos últimos 3 meses

Guia de Intervenção para Padrão de uso injetável

Uma vez por semana ou menos
Ou menos de três dias seguidos → Intervenção Breve incluindo cartão de "riscos associados com o uso injetável"

Mais do que uma vez por semana
Ou mais do que três dias seguidos → Intervenção mais aprofundada e tratamento intensivo*

PONTUAÇÃO PARA CADA DROGA

	Anote a pontuação para cada droga. SOME SOMENTE das Questões 2, 3, 4, 5, 6 e 7	**Nenhuma intervenção**	**Receber Intervenção Breve**	**Encaminhar para tratamento mais intensivo**
Tabaco		0-3	4-26	27 ou mais
Alcool		0-10	11-26	27 ou mais
Maconha		0-3	4-26	27 ou mais
Cocaína		0-3	4-26	27 ou mais
Anfetaminas		0-3	4-26	27 ou mais
Inalantes		0-3	4-26	27 ou mais
Hipnóticos/sedativos		0-3	4-26	27 ou mais
Alucinógenos		0-3	4-26	27 ou mais
Opióides		0-3	4-26	27 ou mais

Cálculo do escore de envolvimento com uma substância especifica.
Para cada substância (de 'a' a 'j') some os escores obtidos nas questões 2 a 7 (inclusive).
Não inclua os resultados das questões 1 e 8 aqui.
Por exemplo, um escore para maconha deverá ser calculado do seguinte modo: Q2c + Q3c + Q4c + Q5c + Q6c + Q7c.
Note que Q5 para tabaco não é codificada, sendo a pontuação para tabaco = Q2a + Q3a + Q4a + Q6a + Q7a

CAPÍTULO 4

COMO INTERVIR PARA MOTIVAR: ACONSELHAMENTO GRUPAL BREVE

Maria Teresa Malaquias de Albuquerque
Maria Aparecida de Andrade Borges
Thaís dos Reis Vilela

1. Introdução

Este capítulo, descreve a abordagem sugerida para a condução da intervenção com grupos, seja em escolas, empresas, comunidades, com base nos autores Walters e Baer, 2006[6]. Esse estilo de aconselhamento grupal está fundamentado em duas abordagens conceituais: Grupo de Entrevista Motivacional[7], e Psicoeducacional[1,5]

A primeira abordagem trata de uma adaptação do aconselhamento breve individual para grupos e tem como foco principal aumentar a discrepância e propiciar a oportunidade de mudança nos participantes, associando ao processo atividades motivacionais e a interação grupal. A abordagem psicoeducacional, por fim, utiliza informações didáticas e a interação interpessoal para informar e incentivar a mudança. Estes grupos normalmente dependem do conteúdo introduzido por um facilitador, seguido de discussões, treinamento e práticas de novas habilidades.

A intervenção grupal, se bem conduzida, revela-se como uma oportunidade para o processo de mudança, ao trabalhar a autoeficácia dos participantes, a diminuição do risco em relação ao consumo de álcool e/ou outras substâncias e o desenvolvimento de hábitos mais saudáveis, com eficiente relação custo-benefício[3]. Uma intervenção grupal breve, combinando elementos motivacionais e de habilidades sociais, pode ser efetiva tanto para aqueles que participam voluntariamente como para aqueles que são obrigados a participar da intervenção, por exemplo, por processos judiciais[3].

2. Fundamentos e desafios dos programas grupais

Os grupos podem se constituir numa ferramenta poderosa para o processo de mudança. Culturalmente, o consumo de álcool é considerado um comportamento social, portanto, faz sentido que os grupos sejam um cenário favorável para a mudança, a fornecer informações sobre o conceito de beber com segurança, sobre modelagem de comportamentos saudáveis e por trabalhar com a integração dos participantes de modo a rejeitar seus sentimentos de isolamento e marginalização. Em um grupo com funcionamento construtivo, os membros são livres para compartilhar suas preocupações e temores, receber *feedback*, ou seja, receber todas as informações específicas que possam motivá-los a desenvolver e/ou praticar novas habilidades.

Entretanto, quando a participação não é espontânea, o participante pode não se sentir motivado e, consequentemente, relutar em participar das atividades e em se comprometer durante o processo, pois, provavelmente, não compartilhará honestamente suas experiências e/ou tentará sabotar o objetivo do grupo com comentários inadequados ou hostis.

Dois fatores tornam mais difíceis a condução na intervenção de grupos[2,7]: o primeiro fator está relacionado às expectativas que os participantes têm em relação ao facilitador e em relação ao grupo. No grupo há um aumento do fluxo das relações interpessoais nas interações entre os participantes e o facilitador, pois surgem dinâmicas adicionais e demandas específicas (**Figura 1**). O facilitador precisa atentar-se à dinâmica do grupo, ao observar e gerenciar as reações, alianças e movimentações, incentivando os mais calados a participarem e conter aqueles que tentam monopolizar a fala, na maior parte do tempo.

Figura 1 – Fluxo de relações interpessoais que ocorrem num processo grupal, adaptado de Mitcheson e Grellier, 2011.

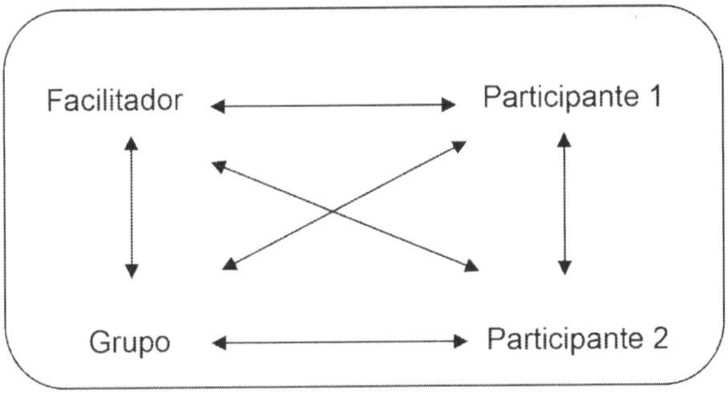

O segundo fator está relacionado à forma com que as pessoas reagem dentro de um grupo. Os participantes podem adotar uma atitude defensiva diante de algum comentário que julguem ser uma crítica ou emitir comentários que acabem intimidando os demais. Os mais resistentes e polêmicos podem afetar negativamente o grupo, por meio de comentários inconvenientes e intimidadores.

Nesse contexto, se um tema é introduzido no grupo em que há pessoas que bebem ou fumam muito, há a possibilidade de reações extremadas que reforcem o *status quo* distorcido, no qual os usuários de alto risco podem pensar que são a regra, tornando-se menos propensos a mudança.

Por exemplo, o facilitador pode apresentar informações ou dados sobre o consumo:

- **Facilitador**: "Algumas pessoas que consomem bebida (ou cigarro) em excesso podem ter consequências sérias em sua vida, como o risco de doenças, acidentes, sofrerem algum tipo de violência, entre outros".
- **Participante do grupo**: "Conheço muitas pessoas que bebem (ou fumam) há muito tempo e isso nunca atrapalhou a vida delas; nem interferiu na saúde, vivem bem com isso".
- **Facilitador**: "O que você falou é interessante, pois há diferentes padrões de uso. Vamos falar sobre isso para que cada um possa refletir sobre o seu consumo".

Nesse caso, é importante o facilitador esclarecer ao grupo as diferenças entre abstinência, uso moderado, uso nocivo e dependência que, nessa abrangência de padrões de consumo e riscos relacionados, quem identifica em qual categoria se encontra é a própria pessoa, e que a real faixa de consumo de cada pessoa pode ser diferente daquela revelada socialmente.

A dificuldade ao transitar por essas armadilhas leva muitos facilitadores a cometer equívocos em relação à maneira de orientar as pessoas, adotando um modelo meramente informativo. Grupos que utilizam principalmente palestras, vídeos e instruções mais didáticas, evitam muitos dos problemas que surgem por meio dos conteúdos gerados pelos participantes. Os modelos de disseminação de conhecimento estão longe de mudar comportamentos e não têm sido efetivos na mudança das práticas do consumo de substâncias. Os grupos podem ser veículos extremamente poderosos para conduzir à mudança, pois tendem a produzir mais experiências, ideias e habilidades do que em um processo individual[6].

3. Estrutura e espírito de um grupo de aconselhamento

Assim como no aconselhamento individual, os facilitadores devem empregar técnicas essenciais de perguntas abertas, reforço positivo, reflexão, resumo e oferecimento de informações concernentes ao tema. Devido à complexidade do grupo, em alguns momentos, o facilitador pode ter a impressão de não estar seguindo estritamente a abordagem motivacional. Alguns desvios podem ser necessários, mas é importante manter a base da abordagem motivacional – o espírito da Entrevista Motivacional: compaixão, parceria, evocação e aceitação sem julgamentos. Com isso, a pessoa se torna responsável pelo próprio processo de mudança. As regras devem existir tanto para os participantes do grupo quanto para o facilitador e as tarefas mais específicas incluem[6]:

- Estabelecer uma agenda para o grupo.
- Manter a empatia no grupo: não ser argumentativo nem confrontativo, a evitar discussão com os participantes.
- Refletir (reforçando os aspectos positivos) e resumir de forma afirmativa a conversa em grupo.
- Aumentar a discrepância individual e coletiva entre o atual comportamento e o objetivo almejado.
- Monitorar e engajar os participantes do grupo.

3.1 Estabelecer (e manter) uma agenda para o grupo

A agenda serve como um enquadramento ao elencar interesses e planejamentos, estruturando e gerenciando os trabalhos com o grupo. O facilitador apresenta os tópicos a serem trabalhados e o tempo de cada sessão, garantindo que o grupo passe de uma atividade para outra, mantendo a conversação centrada nos objetivos. A agenda também é a "memória" do grupo, por conter informações que levam os participantes a relembrar sobre o que foi visto e discutido anteriormente.

O facilitador não deve dominar a conversa dentro do grupo, mas ser assertivo, empático e flexível. Por exemplo: num grupo de mulheres, pode ser adequado passar um tempo conversando sobre proteção contra violência sexual relacionada ao consumo de álcool e/ou outras substâncias. Num grupo de empresa, pode ser adequado conversar sobre o impacto econômico e profissional relacionado ao absenteísmo, causado pelo consumo de substâncias. Como cada grupo é único, a agenda planejada pode ser desviada. Quando o desvio acontece, o facilitador deve se perguntar se o desvio é do interesse do grupo e se será útil aos participantes.

3.2 Estabelecer (e manter) um ambiente empático no grupo

A empatia é essencial no aconselhamento em grupos. Os facilitadores devem estabelecer uma postura empática, empenhar-se para manter o contato visual, sorrir, dar as boas-vindas a cada participante e destacar a importância da confidencialidade e do respeito dentro do grupo. Durante a sessão, o facilitador precisa dar credibilidade às manifestações sinceras, demonstrando uma escuta empática, sem julgamento. O ponto chave é fazer com que os participantes sintam-se seguros e à vontade para que a sessão transcorra de maneira amigável. Com essas atitudes, cria-se um ambiente propenso para que os participantes possam falar honestamente, pois se sentirão confiantes em relação ao sigilo grupal.

Os facilitadores precisam introduzir regras básicas e claras para o bom funcionamento do grupo. A seguir, conheça algumas dessas regras:

- Respeitar o ponto de vista de cada participante: nenhum participante será julgado por suas crenças ou comportamentos do passado.
- Disposição para participar das atividades e compartilhar honestamente sobre si mesmo: o grupo é uma oportunidade para que os participantes reflitam sobre as informações de forma pessoal, pois elas serão a base das decisões relacionadas às mudanças almejadas.
- Disposição para dar *feedback* aos outros, quando apropriado.
- Compartilhar o tempo com todos os participantes.
- Manter a confidencialidade: não compartilhar assuntos pertinentes ao grupo com alguém externo.

No aconselhamento grupal, é importante evitar discutir com os participantes. Embora possa existir divergências de opiniões (e é até saudável que isso ocorra), não deve haver confrontos que comprometam o desenvolvimento do processo grupal. O facilitador não precisa concordar explícita ou implicitamente com tudo o que é dito, mas também não é bom confrontar os participantes diretamente. Em alguns casos, o facilitador pode simplesmente ignorar o comentário, dando a outro participante a chance de corrigir a informação e/ou solicitar *feedback* aos demais participantes. Em outros casos, o facilitador pode dar uma guinada em relação ao comentário e buscar alinhá-lo com a agenda do grupo. Outra técnica é refletir o comentário, reconhecendo que algumas pessoas realmente mantêm essa posição e, em seguida, solicitar ao grupo que apresente uma visão alternativa.

Uma forma de minimizar um debate acalorado e controverso, no caso de haver dois facilitadores no grupo, é que um apresente o material que será trabalhado enquanto o outro, ocasionalmente, apresente um ponto de vista alternativo, porém válido. A apresentação de pontos de vista distintos pode expressar o processo de ambivalência dos participantes do grupo. Quando eles fazem sentido aos participantes, propiciam que estes se engajem na discussão do material. Por exemplo:

- A maioria dos estudantes consome bebidas alcoólicas. Porém, muitos estudantes bebem moderadamente e muitos optam por não beber nada alcoólico. (mostrar estatísticas de abstinência, uso, abuso e dependência do álcool, gênero, idade, entre outros).
- Em baixos níveis de consumo, inicialmente, o álcool pode ter efeito estimulante. No entanto, o álcool é um depressor do sistema nervoso central (conversar sobre os efeitos paradoxais do álcool).
- Antes de fazer uso da bebida alcoólica é importante estabelecer limites sobre a quantidade que será ingerida. Entretanto, é difícil manter o limite diante de uma situação difícil (perguntar ao grupo quais estratégias poderiam ajudar a manter o limite pessoal de consumo).

Às vezes pode ser difícil evitar discussões com os participantes quando questionam ou apresentam informações imprecisas, tais como: "*Se você não se embebedar em algum momento, você perde esta experiência, que faz parte da vida*". Enquanto algumas pessoas pensam dessa maneira, outras podem concordar com esse tipo de declaração, não por acreditarem, mas por se sentirem intimidados. Tal afirmação coloca o facilitador numa situação difícil.

O facilitador permanece em silêncio e permite que o comentário fique no ar? Ou confronta-o e arrisca uma discussão? Um facilitador pode reconhecer e explorar esse ponto de vista, enquanto o outro permanece neutro. Uma resposta mais direta e certeira é lembrar aos participantes a proposta do grupo. Enquanto um comentário pode ser apropriado em determinado momento, em outros ele pode estar fora do contexto. Conheça alguns exemplos para fluir com os comentários resistentes:

- "Você levanta um ponto de vista interessante. O que o grupo pensa sobre esta afirmação?"
- "Você disse... por outro lado..."
- (Para a pessoa) "Você disse... e tem muitas pessoas que acham isso". (Para o grupo) "O que vocês acham?"
- "Ok. Isso é um lado do assunto. O outro lado é..." ou, "Qual o outro lado?"
- "Eu entendo o que está dizendo, mas neste contexto nós precisamos nos ater a..."

É bom que se ratifique mais uma vez: o facilitador precisa evitar um confronto direto com um participante. Há pessoas que, ao supor que estão sendo criticadas publicamente, se sentem ameaçadas e isso pode gerar consequências danosas. Pode acontecer de iniciarem debates sem objetivo, fazendo com que o processo do grupo fique desacreditado.

3.3 Fazer reflexões assertivas e resumo

A pessoa assertiva decide o que quer, planeja e age de maneira a atingir seus objetivos. Quem se comunica com assertividade o faz de forma clara, objetiva, transparente e honesta.

O facilitador deve utilizar reflexões assertivas para destacar comentários individuais ou temas comuns que emerjam do grupo. Os comentários podem indicar ambivalência, ou seja, a discrepância no comportamento individual ou coletivo sobre o movimento flutuante e conflitante do desejo de mudar ou não querer mudar, os quais se apresentam ao mesmo tempo. Embora não existam regras rígidas sobre quais comentários refletir, podem existir muitas oportunidades para a reflexão sobre as desvantagens do consumo excessivo de substâncias ou sobre as vantagens do consumo moderado e de baixo risco ou da abstinência.

Reflexões e resumos podem ser especialmente difíceis quando há desacordo entre os participantes. Caso isso aconteça, os facilitadores devem refletir assertivamente e resumir as opiniões contrastantes dos participantes. Para limitar os desentendimentos, pode ser apropriado afirmar que os participantes do grupo parecem discordar de uma determinada questão e seguir em frente, mas, sempre que possível, o facilitador deve tentar extrair pontos sobre os quais o grupo concorda.

Por exemplo, embora alguns participantes acreditem que não existam problemas com relação ao seu consumo de álcool e/ou outras substâncias, outros provavelmente entendem que o uso de substâncias pode ser um problema. Se o grupo concordar com o segundo ponto, o consenso torna-se um ponto de partida para uma reflexão ou para um questionamento sobre os tipos de problemas relacionados com o consumo, como reconhecer e intervir em situações difíceis ou saber como o risco pode ser minimizado.

De acordo com os exemplos da **Tabela 1**, até mesmo as afirmações superficiais de mudança podem ser trabalhadas e refletidas, visando um resumo e a elaboração dessas questões. Em cada exemplo, a afirmação feita por algum participante é o ponto de partida para uma reflexão e um convite à discussão sobre os riscos e práticas de consumo mais seguros em relação ao álcool e/ou outras substâncias.

Tabela 1 – Exemplos de reflexões de declarações do grupo. Baseado nos autores Walters e Baer, 2006.

Declaração	Reflexão	Questões adicionais	Resumo
"Eu já faço escolhas seguras a respeito do álcool."	"Parece que você já tem um plano para se proteger."	"Qual o seu plano?" "Fale sobre seu hábito de beber." "Como você vai administrar...?"	"Alguns de vocês já fazem escolhas mais saudáveis."
"Algumas pessoas têm sérios problemas com álcool."	"Estou entendendo que beber pode ter algumas desvantagens sérias"	"Quais são algumas das desvantagens de beber?" "Dê um exemplo de uma situação de risco." "Como você tem se protegido?" "Qual seu plano para se proteger?"	"Beber pode ter algumas desvantagens sérias e é importante ter certas alternativas para se proteger."
"A bebida tem me causado problemas algumas vezes."	"Você tem percebido que beber tem ocasionado problemas na sua vida."	"Quais são algumas das desvantagens de beber?" "Quais problemas você percebe como consequência do seu consumo de bebida?" "Conte-me sobre momentos em que passou por situações difíceis e o que você fez."	"Vocês mencionaram algumas desvantagens do consumo de bebida em suas experiências pessoais."

O ponto comum nestes exemplos é a sugestão de que o beber nocivo pode ter algumas consequências indesejáveis ou que a abstinência ou o beber moderado possa ser uma opção viável para algumas pessoas. O facilitador deve alavancar reflexões, elaborações com questões adicionais e resumos. O movimento acontece quando as pessoas conseguem identificar os aspectos negativos do consumo excessivo de substâncias e buscam maneiras de minimizar os riscos.

3.4 Aumentar a discrepância individual e coletiva entre o comportamento atual e o objetivo almejado

As pessoas consideram mudar quando estão desconfortáveis com alguma situação em sua vida, quando encontram razões próprias para realizá-las, seja no contexto individual ou em um grupo.

Devido ao medo de se expor ou à necessidade de se preservar diante de outras pessoas, alguns participantes podem relutar em compartilhar suas preocupações e desejo de mudança. Entretanto, não é necessário que o participante admita problemas com o seu consumo de álcool e/ou outras substâncias ou sobre a possibilidade de mudança. A maioria das mudanças de atitude ocorre com poucos indicadores verbais de que a pessoa está modificando o seu ponto de vista. Além disso, grande parte dos participantes, mesmo os mais resistentes, pode admitir algumas desvantagens do consumo e implementar estratégias para reduzir riscos, especialmente se guiados por um facilitador que expressa empatia, aponta discrepâncias e reforça as falas de mudança.

Além do espírito motivacional que guia toda a conversa, existem várias atividades para a construção de discrepância em grupo. A **Tabela 2** lista os prós e os contras na construção de discrepâncias.

Tabela 2. Aumentar a Discrepância do Grupo: Vantagens e Desvantagens[6].

Ampliar a discrepância	Vantagens	Desvantagens
Brainstorming sobre prós e contras do consumo de álcool e/ou outras substâncias. Exemplos: Prós – "...ajuda a aliviar a tensão, relaxar." Contras – "...prejudica a minha saúde, tenho dificuldades nos meus relacionamentos."	Melhorar a consciência sobre os potenciais efeitos do consumo nocivo. Exemplos: "Eu tenho problemas respiratórios que dificultam realizar algumas atividades, como brincar com meus filhos, fazer exercícios. Eu fumo há 20 anos, isso pode estar prejudicando minha saúde." "Depois de beber muito me sinto deprimido, fraco, sem ânimo para nada."	Gerar declarações favoráveis e distorcidas em relação ao consumo da substância. Exemplo: "Eu acho que nem fumo (ou bebo) tanto, a idade, as preocupações é que prejudicam minha saúde, a não me sentir bem, como quando se é jovem."
Explorar valores pessoais ou do grupo em relação ao consumo de álcool e/ou outras substâncias. Exemplo: "Quero crescer profissionalmente."	Ressaltar a discrepância entre consumo de álcool e/ou outras substâncias e valores. Exemplo: "Eu busco uma promoção no trabalho, mas tenho faltado para tratar minha saúde e isso não é bom. Eu não passo muito bem depois que bebo no final de semana."	Minimizar os riscos. Os participantes podem não ser sinceros em identificar valores ou em citar fatos sobre seu consumo de álcool e/ou outras substâncias. Exemplo: "Se não der certo a promoção tudo bem, fica para outra vez. A bebida ajuda a relaxar e a esquecer dos problemas."

Ampliar a discrepância	Vantagens	Desvantagens
Brainstorming de estratégias para reduzir os riscos (ex: novos caminhos). Exemplo: "Se eu consumir apenas nas festas e somente 4 latas de cerveja, por exemplo. Depois eu posso ir diminuindo na quantidade."	Sensibilizar para a aceitação de estratégias e alternativas mais seguras no consumo ou evitação de bebidas ou outras substâncias. Exemplo: "Pensando na sua segurança e na de seus amigos, qual seria uma estratégia para diminuir o consumo ou evitar beber quando saem nos finais de semana?"	Não há.
Dar *feedback* sobre o consumo de álcool e/ou outras substâncias. Exemplo: Aplicação de testes de avaliação de níveis de consumo.	Conscientizar sobre o consumo de álcool e/ ou outras substâncias se comparado com as estatísticas de consumo. Exemplo: Identificar o padrão de consumo de substâncias.	Reforçar o *status quo* de manter o atual padrão de consumo nos casos em que os participantes sejam usuários de alto risco. Exemplo: O resultado da maioria ficou na média e, portanto, ser considerado "normal".
Obter consenso no grupo para apoio à abstinência ou para o consumo mais seguro. Exemplo: "A conclusão que o grupo chegou foi que isso seria uma maneira mais segura de...".	Probabilidade de produzir mudanças duradouras nos hábitos de consumo. Exemplo: "Me parece uma boa ideia. Eu acho que posso fazer isso e ter a possibilidade de bons resultados em relação à esse problema."	Difícil de alcançar.

A atividade "explorar os valores do grupo" pode ser utilizada para destacar discrepâncias individuais em um formato grupal. As discussões sobre alternativas de consumo ou maneiras de minimizar o risco são frequentemente bem recebidas em grupo. Este tipo de intervenção pode ser um preâmbulo para a prática do **"Oráculo de Prevenção" – Atividade II (Vide capítulo 5)**.

3.5 Monitorar e engajar os participantes no grupo

Quando as pessoas se agregam para formar um grupo, há uma tendência de certos participantes falarem pelos outros, principalmente por aqueles mais quietos e pouco participativos. Criar um ambiente seguro, incorporar material interessante e útil, fazer boas perguntas e manter o ritmo do grupo em movimento são maneiras de envolver as pessoas, que de outra forma ficariam relutantes em se expressar. No entanto, há pelo menos três tipos de pessoas que requerem atenção especial:

- aquelas que estão determinadas a desvirtuar o processo do grupo;
- aquelas que são muito relutantes em falar e
- aquelas que devem falar porque o que elas dizem motivará os demais.

Alguns participantes estão determinados a desvirtuar uma discussão reflexiva sobre o consumo responsável. Esse fato pode desencorajar outros participantes de expressarem suas opiniões e experiências, monopolizando o tempo do grupo, desviando os objetivos e tornando as conversas dispersas e adversas. Ao serem desencorajadas tais interações, as regras básicas precisam ser apresentadas em relação às falas hostis e/ou dominantes[6].

Os facilitadores podem utilizar técnicas de motivação para fluir com a resistência, como a reflexão empática, suscitando a elaboração de argumentos consistentes com a direção do grupo e validando a responsabilidade pessoal. O uso estratégico de uma pausa (ao ignorar comentários polêmicos) ou o reforço diferencial (atendendo a comentários positivos e não argumentativos) também pode ser útil na modelação de um estilo motivacional positivo.

Se uma pessoa monopoliza a conversa em grupo, o facilitador pode interromper e resumir o que foi dito, pedindo ao grupo para comentar.

Às vezes, surge um participante no grupo mais sociável e divertido, geralmente do sexo masculino e referido como usuário inadequado, que gosta de relatar suas façanhas com descrições detalhadas da intoxicação constrangedora e embaraçosa. O que torna esta pessoa única não é sua experiência, mas sim a capacidade de contar boas histórias para que os participantes, e até mesmo líderes de grupo, sorriam em resposta e, desta forma, se afastem do foco da intervenção. O problema óbvio é que tal situação tende a minar os processos motivacionais almejados: uma avaliação honesta dos fatores de risco do consumo de substâncias. Isso pode ser desafiador quando o contador de histórias for o participante mais verbal do grupo. O facilitador deve minimizar essa situação e redirecionar o grupo para discussões mais equilibradas e reflexões sobre comportamentos de risco. Além de simplesmente não atender às histórias, o facilitador pode pedir opiniões alternativas e/ou encorajar o grupo a examinar as consequências da situação. Como estratégia final, ele pode reconhecer que a história parece bem humorada, mas também enfatiza o comportamento genuinamente arriscado.

Ao contrário dessa situação, outros participantes podem sentir-se desconfortáveis ou intimidados para falar em público, embora possam se beneficiar indiretamente das experiências de outros participantes. O facilitador deve ficar atento aos sinais não verbais, os quais sugerem que esses participantes possam ter uma opinião sobre o assunto, e suscitar uma oportunidade para que entrem na conversa e compartilhem seu ponto de vista.

Outro participante a ser destacado é aquele que apresenta ascendência sobre os demais, seja em virtude da idade, da experiência ou pela liderança que demonstra ter. Muitos assumem seu papel de maneira mais informal, com base em habilidades sociais, personalidade ou reputação. Observar e ouvir os participantes pode dar uma pista sobre quem o grupo vê como um líder: se eles tendem a concordar, balançando a cabeça ou pedindo informações diretas a um participante em especial, é provável que eles o vejam como uma fonte confiável. Essa pessoa poderá ser incentivada a promover comentários e discorrer sobre práticas de consumo responsável, enquanto o facilitador reforça-os por meio da reflexão e do resumo, tornando esta pessoa uma aliada no grupo.

Outra questão a ser considerada diz respeito à forma como as pessoas são reunidas no grupo. Sempre que possível, deve-se evitar agregar participantes de alto risco num mesmo grupo. Por exemplo: participantes que foram encaminhados por infringir alguma lei com participantes que apresentaram problemas no trabalho, ambos como consequência do consumo de álcool e/ou outras substâncias. Os grupos também não devem ser inteiramente compostos por participantes que não pensam na possibilidade de mudança, pois criar discrepância pode se revelar extremamente difícil. O aconselhamento com uma pessoa resistente é mais fácil do que com um grupo de pessoas resistentes. Os grupos podem ser formados com base na prontidão motivacional.

3.5.1 Trabalhando com dois facilitadores

É recomendável o trabalho com dois facilitadores em um mesmo grupo, porém essa proposta precisa ser avaliada com relação ao custo x benefício.

A presença de dois facilitadores permite a melhor observação da dinâmica do grupo e a interação entre os participantes. Enquanto um dos facilitadores expressa empatia, fluindo com a resistência, o outro pode observar e reforçar declarações de mudança. Essa combinação facilita a manutenção da agenda no caminho certo, evitando armadilhas advindas do grupo e aumentando a resolutividade de problemas. Enquanto um facilitador entrega o material de caráter informativo, o outro oferece uma visão alternativa, realizando perguntas, reflexões e oferecendo sugestões adicionais, mantendo assim um diálogo leve.

Os facilitadores devem se reunir antes dos encontros com o grupo, a fim de fazer com que seus estilos de trabalho sejam compatíveis, para definirem a agenda e a divisão de tarefas. Eles também precisam se reunir após os encontros para darem *feedback* um ao outro e definir as melhorias para o próximo encontro. Caso existam desacordos ou diferenças entre eles, elas devem ser tratadas previamente para não prejudicar o andamento do grupo durante a intervenção.

Estratégias de aconselhamento grupais

A seguir são apresentadas algumas atividades, com o objetivo de estimular a discussão honesta e a coesão grupal, informar e motivar e ainda conduzir à discussão sobre estratégias responsáveis e de baixo risco em relação ao consumo de substâncias[6].

4.1 Estratégias para a abertura da sessão em grupo

A abertura da sessão é um importante cartão de visitas. Conheça algumas sugestões de como fazê-la:

- Iniciar a sessão com a apresentação pessoal do(s) facilitador(es) e agradecer a presença dos participantes.
- Deixar claro no grupo as regras sobre confidencialidade.
- Explicar o papel do(s) facilitador(es) na condução do grupo: estimular as discussões a respeito do uso indevido de álcool e/ou outras substâncias, fornecendo informações que possam ser utilizadas como base para as escolhas dos participantes em relação ao consumo e encorajar o desenvolvimento de habilidades dos participantes e ajudá-los a lidar com elas.
- Compartilhar informações que possam ajudar os participantes a decidir se desejam realizar mudanças no consumo de substâncias, cabendo a eles decidir quais (se houver) as mudanças que farão.

O(s) facilitador(es) deve(m) pedir aos participantes que se apresentem e compartilhem informações adicionais, tais como:

- O que o levou ao grupo?
- O que espera do grupo?
- Quais as expectativas ao sair do grupo?

Embora a instituição (escola, empresa, organização não governamental, comunidade, etc.) a qual o grupo pertence não apoie o uso de álcool e/ou outras substâncias, as pessoas fazem escolhas sobre o seu consumo. A alternativa mais segura é, naturalmente, a abstinência e para aqueles participantes que escolhem não fazer uso do álcool e/ou outras substâncias, o propósito do grupo é auxiliá-los nessa decisão. Para aqueles participantes que optam por manter o consumo, o objetivo é fornecer conhecimento e habilidades que permitam fazê-lo de forma segura.

O(s) facilitador(es) deve(m) explicar aos participantes que cada pessoa desempenha um papel importante em ajudar os demais a fazer escolhas, incentivar uma conversa honesta e uma interação de apoio e não discutir sobre crenças ou comportamentos, evitando julgamentos. Por esta razão, os participantes são convidados a compartilhar seus sentimentos honestamente e a respeitar uns aos outros.

4.2 A percepção dos participantes sobre o uso de substâncias

Esta atividade é feita no início de uma reunião de grupo, com o propósito de incentivar as pessoas a começar a compartilhar honestamente suas informações entre os participantes e a estabelecer a empatia em relação ao facilitador, mantendo um ambiente sem julgamento. É oportunizado ao participante expressar sua opinião sobre o uso de substâncias e ouvir a opinião dos demais, mesmo que ele não concorde. Antes do grupo iniciar, o facilitador escreve as palavras *álcool, maconha,* crack, *cocaína, tabaco, ecstasy, heroína e lança-perfume* em folhas de papel separadas e as distribui ao redor da sala. **A título de sugestão, o facilitador pode se valer da sensibilização – Anexo 1 (*Vide capítulo 5 – "Oráculo de Prevenção"*).**

Na sequência, o facilitador faz a seguinte pergunta ao grupo:

- *"Qual das substâncias causa maior dependência (ou perigo) para você?"*

Antes que eles possam dar a resposta, o facilitador pede aos participantes que se levantem e se movimentem pela sala a se posicionarem diante daquela palavra que melhor representa a pergunta realizada.

O facilitador deve explicar aos participantes que não há resposta certa ou errada, mas somente o interesse dele na opinião dos participantes. Ele pode solicitar ao menos que um dos participantes compartilhe o porquê da sua escolha e fazer uma reflexão sobre a resposta dada.

Em seguida, o facilitador pede aos participantes que se movimentem mais uma vez na sala e posicionem-se diante da palavra que venha responder a seguinte questão:

- *"Qual das substâncias apresenta mais perigo para a sociedade?"*

Novamente peça-lhes que compartilhem suas opiniões, refletindo e fornecendo informações adicionais, se necessário. Perguntas adicionais como *"Qual substância é a mais problemática para os jovens?"* ou *"Qual substância é a mais problemática para os trabalhadores?"* podem ser feitas. Compartilhe com eles dados estatísticos sobre pessoas dependentes, mortes como resultado de uso, feridos por resultado do uso ou o custo econômico e social que envolve essa substância. Ao final da atividade, o facilitador pede aos participantes que retornem aos seus lugares.

4.3 Coisas boas e não tão boas para o grupo

Esta atividade pode ser desenvolvida em três etapas diferentes. As etapas 1 e 2 funcionam bem para grupos mais coesos ou que tenham evidências de motivação para a mudança.

4.3.1 Etapa 1: *Brainstorm* simples

Essa etapa é uma versão direta da atividade "Coisas boas, Coisas não tão boas", descrita no Aconselhamento

Individual Breve, na qual os participantes relacionam prós e contras das pessoas, em geral, em consumir álcool e/ou outras substâncias.

Cada participante recebe um papel em que precisa relacionar, em duas listas, *As coisas boas e as coisas não tão boas* sobre o uso de substâncias. As listas não precisam ser sobre as suas experiências pessoais, mas relacionadas com os prós e contras que as pessoas geralmente experimentam como resultado do consumo.

Terminado o preenchimento das listas, o facilitador pede ao participante que compartilhe suas respostas com o grupo. Em seguida, o facilitador descreve todas as respostas em um quadro e conclui as duas listas, explorando com o grupo a ambivalência sobre o consumo. Ele vai destacar as coisas não tão boas associadas ao uso, com a exposição a fatores de risco, como brigas, doenças, gravidez, entre outras consequências, e solicitar aos participantes que compartilhem maneiras para reduzir os efeitos negativos causados pelo consumo e maximizar os aspectos positivos (diminuição da exposição a fatores de risco) em relação ao consumo moderado e mais seguro ou de não beber. **A título de sugestão, o facilitador pode se valer da Atividade I do "Oráculo de Prevenção"** ***(Vide capítulo 5).***

O facilitador termina esta atividade destacando o consumo moderado como uma opção realista e atingível para a maioria das pessoas.

4.3.2 Etapa 2: *Brainstorm* pessoal

A etapa 2 é similar ao *Brainstorm* simples, exceto que os participantes devem gerar listas de "Coisas boas e Coisas não tão boas" relacionadas ao padrão de consumo pessoal.

Depois das listas completas, o facilitador pede ao participante para pontuar de 1 (nada importante) a 5 (muito importante) ao lado de cada item, para indicar a importância de cada um deles, ao fazer escolhas sobre seu consumo. Quando as duas listas estiverem concluídas, o facilitador solicita ao grupo que sugira maneiras de maximizar os pontos positivos e de minimizar os pontos negativos em relação ao consumo moderado e mais seguro ou de não beber, finalizando do mesmo modo que a etapa 1. **A título de sugestão, o facilitador aqui pode se valer da Atividade II (*Vide capítulo 5 – "Oráculo de Prevenção"*).**

4.3.3 Etapa 3: *Brainstorm* paradoxal

O facilitador inicia a etapa 3 informando aos participantes que haverá um debate sobre o consumo de substâncias. Ele pede ao grupo para gerar uma lista das "Coisas Boas" sobre usar, podendo maximizar os aspectos positivos do consumo, como se fossem usuários de alto risco. Com a lista pronta, o facilitador escreve-a num quadro e inicia a discussão pelo primeiro item dos efeitos positivos. Eles discutem o uso nocivo, como se o facilitador fosse um típico usuário. Neste ponto, o segundo facilitador precisa entrar para emergir como um advogado para o grupo, encorajando-o a gerar contra-argumentos (desvantagens de usar), registrando as respostas em uma segunda lista – "Coisas não tão boas".

Terminada a discussão sobre cada um dos itens da coluna "Coisas boas", o facilitador deve sair do seu papel paradoxal e reforçar os contra-argumentos gerados pelos participantes. Para encerrar a atividade, o facilitador precisa revisar a lista de "Coisas não tão boas" que o grupo gerou e pedir a alguns participantes que reflitam sobre as razões contra o consumo nocivo, identificadas nas respostas. Dessa forma, terminam a atividade desenvolvendo argumentos contra o uso nocivo e ouvindo outros se expressarem razões adicionais que eles próprios não sugeriram.

4.4 *Feedback* do grupo

O *feedback* motivacional ajuda as pessoas a saber onde estão e a definir o que deverá ser feito para se atingir um determinado objetivo. É também um meio para construir a discrepância na intervenção motivacional.

Apesar da forte evidência, o *feedback* pode ser um componente eficaz no aconselhamento individual, a evidência é mais limitada quando se trata de grupos[3]. Fornecer *feedback* em grupos de alto risco tem se revelado difícil, pois é preciso ter cautela devido as diferentes posturas e padrões de consumo entre os participantes.

É recomendável a introdução de um *feedback* dizendo que há muitos mitos sobre o consumo de substâncias. Por exemplo: "*Todos os estudantes bebem*", no entanto, nem todos fazem uso do álcool ou o fazem moderadamente. A forma como as pessoas bebem pode variar de acordo com a idade e com o gênero. Os mais jovens são propensos a beber em episódios intensos, beber em *binge,* ou seja, fazendo uso pesado e episódico de álcool com a intenção de ficar embriagado, resultando em intoxicação imediata e severa. Já os adultos tendem a beber ao longo da semana ou concentrar apenas nos finais de semana e o seu consumo pode ser moderado. O padrão de consumo pode variar de pessoa para pessoa.

É importante conversar sobre os padrões de consumo em relação à categoria que pertence, seja estudante, trabalhador, mulher, jovens adultos, entre outros, apresentando dados sobre pesquisas que trazem essas informações. O facilitador não deve discutir com o grupo sobre estatísticas, elas servem somente como uma forma de ilustrar e contextualizar o consumo de substâncias.

O fato das pessoas terem a crença de que beber é algo normal e comum entre os jovens, faz com que muitos se sintam compelidos a também fazer seu uso, mesmo quando não desejam fazê-lo.

O facilitador pode explorar a percepção do grupo acerca das seguintes questões:

- "Quantos ficariam confortáveis com a decisão de um amigo de reduzir a sua bebida?"
- "Quantos ficariam confortáveis com a decisão de um amigo parar de beber por completo?"
- "Quantos pensam que uma pessoa pode frequentar uma festa sem beber?"
- "Quantos se sentiriam confortáveis em ajudar um amigo que queira ficar sóbrio em uma festa?"

O facilitador pode discutir as questões apresentadas com o grupo e pedir que elaborem reflexões sobre as respostas, podendo mostrar que há opções sobre padrões de consumo, que cada pessoa é responsável por sua escolha e que a pessoa não deve se sentir forçada a consumir álcool ou, se optar pelo uso, fazê-lo com moderação. Este exemplo também pode ser aplicado em relação ao uso de outras substâncias.

4.5 Explorando os valores do grupo

Esta atividade está descrita no capítulo do Aconselhamento Individual Breve e pode ser aplicada nos trabalhos com grupos mais coesos. Inicialmente, cada participante escreve quais são os principais valores na sua vida: trabalho, filhos, saúde, segurança, amigos, relacionamentos, autoestima, crescimento pessoal, reconhecimento, diversão, religião/fé, cultura, entre outros, em uma coluna à esquerda e na coluna à direita escreve de que maneira o consumo de substâncias pode interferir nesses valores.

- O que é mais importante para mim (meus valores)?
- Como o uso de substâncias interfere nos meus valores?
- Como posso buscar/cultivar esse valor em minha vida?

O participante deve relacionar cada valor com o seu consumo atual, por exemplo: "*O meu consumo de álcool me ajuda a obter...*", "*...não tem relação com...*" ou "*...me impede de obter esse valor.*" Para aumentar a discrepância, o facilitador deve perguntar quais diferenças foram observadas entre o comportamento e as consequências do uso em relação aos valores declarados.

Nesse momento, o facilitador solicita que alguém compartilhe uma situação em que seu consumo interferiu em um de seus valores (ou como o uso moderado ou a abstinência se relacionam com o valor declarado). O facilitador leva os participantes a refletir sobre as respostas, particularmente sobre aquelas que indicam discrepância ou intenção de consumir moderadamente.

É possível encerrar essa atividade em qualquer momento com um resumo: "Algumas pessoas acreditam que seus valores podem mudar no decorrer da vida. Coisas tidas como importantes se tornam menos importantes e coisas que não eram consideradas antes se tornam prioridades. A maneira como a pessoa caminha por este processo, vai definir como o seu consumo se enquadra em sua lista pessoal de valores". **A título de sugestão, o facilitador pode trabalhar a ordem de importância dos domínios na Atividade I elencada pelos participantes (*Vide capítulo 5 – "Oráculo de Prevenção"*).**

4.6 Soluções de problemas no grupo

Certas situações nos obrigam a agir rapidamente, com base em poucas informações. Discutir o processo básico da resolução de problemas pode ajudar os participantes a fazer melhores escolhas na vida real. Esta atividade é a que melhor se aproxima do final de uma sessão de grupo, em combinação com instruções sobre estratégias de redução de riscos.

Para esta atividade, os participantes recebem diferentes cenários relacionados ao consumo de bebidas, combinando-se com a experiência de cada um. A eles é solicitada a discussão de alternativas para lidar com essa situação: reduzir riscos, proteger amigos, onde procurar ajuda. A atividade pode ser realizada em um único grupo ou em subgrupos que discutam seu cenário e depois compartilhem com o grupo maior. O facilitador deve comentar com os participantes que, em alguns casos, pode haver mais de uma resposta apropriada porque o cenário não fornece informações suficientes para fazer uma única escolha definitiva. Se não tiverem certeza do que fariam, solicite-lhes questionar informações adicionais; as quais eles precisariam para responder com conhecimento de causa e como reuniriam essa informação.

- O que vocês fariam?
- Que informações adicionais seriam necessárias antes de agir?
- Como coletar essas informações? Quem os ajudaria?
- Onde obter ajuda adicional, informações ou assistência?

Os cenários representam situações comuns do cotidiano, seja na faculdade, na empresa, em família, com amigos ou na justiça, nos quais os participantes não possuem informações suficientes ou se encontram vulneráveis e, portanto, menos propensos a tomar uma decisão satisfatória. Essa atividade permite a exploração com o grupo dos passos que envolvem a solução de um problema: criatividade para buscar diferentes alternativas, discussão das estratégias para subsidiar a escolha da melhor opção e tomada de decisão.

Conheça alguns exemplos de cenários:

- "Você está em um bar com um grupo de amigos. É perto do final de uma noite, onde todos estiveram bebendo. Você vê uma amiga prestes a sair com um homem que você não conhece. O que você faz?"
- "Você está em uma festa e vê um amigo desmaiado no sofá. Esta é a primeira vez que o vê durante a noite, então você não sabe o quanto ele bebeu. O que você faz?"
- "Um de seus companheiros tem agido de modo estranho e você acha que pode estar relacionado ao uso de substâncias. Ele está bebendo mais do que o normal em festas. O que você faz?"
- "Seu amigo costumava beber apenas nos fins de semana, mas você notou que ele tem bebido na maioria das noites. Você também notou que ele faltou a um compromisso importante. O que você faz?"
- "Você encontra um colega de trabalho num bar ou numa festa e percebe que ele está bebendo muito. No dia seguinte na empresa, você vê que esse colega vai dirigir um carro ou trabalhar com um maquinário perigoso. O que você faz?"

O facilitador pergunta aos participantes que planos eles desenvolveram para se protegerem e aos outros quando bebem. O facilitador deve prestar muita atenção nos comentários das pessoas consideradas "veteranas". Muitas vezes, essas pessoas surgem durante esta atividade e podem compartilhar informações valiosas com o grupo. Também pode ser apropriado o facilitador fornecer mais informações sobre a intoxicação por álcool, questões legais, diretrizes para uma festa segura e como reconhecer um problema de álcool em outras pessoas.

O facilitador descreve os serviços que estão disponíveis para aqueles que têm dúvidas sobre o seu consumo de substâncias. Finalmente, se for apropriado, o facilitador pode solicitar aos participantes que façam uma lista de "Estratégias para Beber com Baixo Risco" ou "Definição de Metas" antes da próxima sessão de grupo.

Exemplo de intervenção em grupo (120 – 180 minutos, de uma a três sessões)

Para finalizar esse capítulo, a **Tabela 3** traz um exemplo de como integrar os exercícios dentro dos encontros (de uma a três sessões), com grupos de aconselhamento. É recomendável que o grupo seja constituído por 5 a 15 participantes e sob a supervisão de dois facilitadores.

Atividades adicionais como: Explorando valores ou *Feedback* personalizado, podem ser incluídas nas sessões.

Tabela 3 – Exemplo de intervenção de grupo, adaptado de Walters e Baer, 2006.

Atividade	Descrição
1. Introdução e Orientação	Apresentar-se e agradecer aos participantes pela atenção e participação. Pedir aos participantes do grupo que se apresentem. Apresentar uma visão geral sobre a proposta do aconselhamento em grupo. Estabelecer uma agenda. Alguns itens podem variar, dependendo dos interesses e necessidades do grupo. Outros itens, como "não julgar" e "manter a confidencialidade", não são negociáveis.

Atividade	Descrição
2. A percepção do grupo sobre o uso de substâncias	Perguntar aos participantes do grupo a posição deles em relação às seguintes declarações: Qual das substâncias causa maior dependência ou é mais perigosa para quem usa? Qual das substâncias apresentadas é mais perigosa para a sociedade? Qual das substâncias causa mais prejuízos para você? Refletir e resumir as opiniões dos participantes, acrescentar informações adicionais e destacar comentários que encorajam escolhas de baixo risco ou a abstinência.
3. Prós e contras do uso de substâncias	Perguntar aos participantes quais os prós e contras do uso de álcool e ou outras substâncias e agrupá-las em "Coisas boas" e "Coisas não tão boas". Identificar os aspectos negativos do consumo excessivo de álcool e/ou outras substâncias e os aspectos positivos de minimizar os riscos relacionados ao uso. "Quais são as vantagens que você vê em usar substâncias?" "Quais são as desvantagens ou os prejuízos que você já teve associados ao seu consumo?" "Para você, quais são as vantagens de parar (ou diminuir) o consumo de substâncias?" "O que você perde se você parar (ou diminuir) o consumo de substâncias?"

Atividade	Descrição
4. Normas/ regras do uso de substâncias	Apresentar informações sobre regras de consumo. Explicar a tendência de superestimar o número de pessoas que fazem uso de substâncias, minimizando o impacto do consumo e favorecendo a crença de que isso é normal. Informar aos participantes que as pessoas fazem uso de substâncias por diferentes razões. Apresentar as estatísticas (se disponíveis) do percentual de pessoas que tem problema com o consumo de alto risco, as que usam moderadamente e as abstêmias. Refletir e resumir as respostas dos participantes, aumentando a discrepância individual e coletiva para clarificar e discutir as consequências do consumo de alto risco ou benefícios do consumo de baixo risco ou abstinência.
5. Solução de problemas e treinamento de habilidades	Introduzir a atividade de **Resolução de Problemas** no grupo. Distribuir os cenários para subgrupos de três a quatro pessoas. Perguntar aos participantes como eles lidariam com cada situação, onde buscariam informações adicionais, se necessárias, e quais seriam as estratégias de enfrentamento.
6. Informações adicionais	Levantar com os participantes o nome de pessoas que poderiam ajudá-los nesse processo de mudança. Fornecer aos participantes uma lista de recursos e de contatos que possam ajudá-los. Enfatizar que o facilitador ou outras pessoas estão disponíveis para fornecer assistência e suporte.

Referências

1. BAER, J.S. et al. *An experimental test of three methods of alcohol risk reduction with young adults.* J Consul Clin Psychol,1992. 60(6):974-979.

2. DIWAN, S.; LITTRELL, J. *Impact of small group dynamics an focus group data*: Implications for social work research. Journal of Applied Social Sciences, 1996. 20(2):95-106.

3. FROMME, K.; CORBIN, W. *Prevention of heavy drinking and associated negative consequences among mandated and voluntary college students.* J Consul Clin Psychol, 2004.72(6):1038-1049.

4. MITCHESON, L.; GRELLIER, B. Motivation and change–The role of motivational interviewing in substance use groups. In: HILL, R., HARRIS, J. *Principles and practice of group work in addictions.* Routledge; , 2011.p. 272.

5. MONTI, P.M.; KADDEN, R.; ROHSENOW, D.J. et al. *Treating Alcohol Dependence*: A Coping Skills Training Guide, 2. ed. New York: Guilford Press, 2002.

6. WALTERS, S.T.; BAER, J.S. *Talking with college students about alcohol*: motivational strategies for reducing abuse. New York: Guilford Press; 2006. p.212.

7. WALTERS, S.T.; OGLE, R.; MARTIN, J.E. Perils and possibilities of group-based MI. In: MILLER, WR.; ROLLNICK, S. editors. *Motivational interviewing*: Preparing people to change. 2. ed. New York: Guilford Press, 2002

CAPÍTULO 5

ORÁCULO DE PREVENÇÃO: GUIA PRÁTICO

Lívia Pires Guimarães
Neliana Buzi Figlie

Apresentação do material

O Oráculo de Prevenção consiste em:

- um livro didático, o qual dará suporte técnico e teórico para o desenvolvimento de atividades de prevenção ao uso indevido de substâncias psicoativas;
- 143 cartas, dentre elas: 53 cartas de fatores de risco, 50 cartas de fatores de proteção (Tabelas 1 e 2) e 38 cartas com mitos e verdades sobre o uso e abuso de drogas (Anexo 1).

As cartas com os fatores de risco e proteção estão divididas em 4 grupos: **Escola**; **Família**; **Indivíduo**; **Rede de Pares e Comunidade**.

Tabela 1 – Cartas do Oráculo de Prevenção Fatores de Risco

	Escola	Família	Indivíduo	Rede de Pares e Comunidade
Fatores de Risco	Baixa frequência escolar. Desempenho escolar insuficiente. Evasão e abandono dos estudos. Ambiente escolar negativo, desordenado e inseguro. Expectativas não reais dos professores em relação ao aluno. Ausência de políticas escolares relacionadas ao uso de substâncias.	Rompimento, falecimento e/ou adoecimento na família. Criminalidade na família. Uso de drogas na família. Cultura de abuso de álcool nas confraternizações familiares. Ausência de apoio social. Falta de disciplina e regras claras. Baixa capacidade de resolução de problemas. Atitudes permissivas e positivas em relação ao uso de álcool e outras drogas. Críticas severas.	Baixa autoestima. Baixo autocontrole. Habilidades sociais de enfrentamento inadequados ou insuficientes. Busca intensa de emoções. Ansiedade (nervosismo, agitação, inquietude). Depressão (desânimo, apatia, falta de esperança e pessimismo). Eventos estressantes. Experimentação de substâncias em idade precoce. Rebeldia e hostilidade. Dificuldades de Aprendizagem. Impulsividade.	Criação de oportunidades para o uso de drogas, álcool e tabaco. Amigos e colegas que apoiam o comportamento de uso de drogas, álcool e tabaco. Disponibilidade a drogas, álcool e tabaco. Regras sociais, valores e normas que estimulam o consumo de álcool, tabaco e outras drogas. Falta de união e desorganização na comunidade. Mensagens na mídia/ publicidade que estimulam o uso de substâncias.

Tabela 1 – Cartas do Oráculo de Prevenção Fatores de Risco (*continuação*)

	Escola	Família	Indivíduo	Rede de Pares e Comunidade
Fatores de Risco	Baixo envolvimento com as atividades escolares. *Bullying*. Criminalidade.	Expectativas irreais e muito altas ou baixas a respeito do desenvolvimento dos filhos. Ambiente familiar caótico e conflituoso, marcado por brigas. Pouco afeto entre os membros da família. Alienação parental. Violência doméstica, maus- tratos e/ou violência sexual.	Baixa percepção de risco para o uso de substâncias. Visão negativa de si mesmo. Dificuldade em dizer "não". Atitudes favoráveis em relação ao uso de substâncias. Rejeição a valores religiosos. Predisposição genética e/ou histórico familiar de problemas de saúde mental. Sentimento de desesperança em relação à vida. Personalidade desafiadora e resistente à autoridade.	Baixa oferta de cultura. Percepção de que a cultura é irrelevante. Falta de consciência ou conhecimento da comunidade em relação ao problema das drogas, álcool e tabaco. Falta de oportunidades em atividades sociais, esportivas

Tabela 2 – Cartas do Oráculo de Prevenção Fatores de Proteção

	Escola	Família	Indivíduo	Rede de Pares e Comunidade
Fatores de Proteção	Aspirações de ensino elevadas. Bom relacionamento professor-aluno. Compromisso e comprometimento escolar. Ambiente com afeto e apoio. Expectativas positivas e realistas. Normas e regras claras de comportamento.	Relações positivas entre os familiares. Supervisão e atenção consistente e frequente dos pais/ familiares. Atenção dos pais aos interesses dos filhos. Vínculos familiares. Participação dos pais nas atividades escolares/ sociais dos filhos. Identificação familiar. Expressão de afeto positiva. Senso de confiança.	Autoestima elevada e autoconceito positivo. Autocontrole e estabilidade emocional. Alto grau de satisfação. Senso de autonomia e autoeficácia. Otimismo. Desejo de busca ativa de apoio e suporte. Habilidades sociais bem desenvolvidas. Cooperação. Flexibilidade. Empatia.	Envolvimento com instituições. Coesão social. Suporte das redes sociais. Altas expectativas para a juventude. Envolvimento comunitário. Ambiente comunitário que ofereça apoio e cuidado. Oportunidade de atuação dos jovens nas atividades da comunidade (Protagonismo Juvenil). Consciência da comunidade e mobilização para obtenção de recursos. Questionamento de condutas desviantes.

Tabela 2 – Cartas do Oráculo de Prevenção Fatores de Proteção (*continuação*)

	Escola	Família	Indivíduo	Rede de Pares e Comunidade
Fatores de Proteção	Protagonismo juvenil nas tarefas e decisões escolares.	Expectativas familiares positivas e realistas. Regras familiares claras. Participação conjunta nas decisões familiares. Ambiente familiar de apoio, harmonia e estabilidade entre os membros. Valores sólidos.	Senso de humor. Habilidades para resolução de problemas. Independência. Cuidado e responsabilidade por alguém. Disciplina. Projeto de vida com Metas claras e objetivas. Crenças, valores e religiosidade. Interesse e cuidado com a própria saúde.	Acesso a serviços de saúde e bem-estar social. Segurança, organização e normas comunitárias contra a violência e o uso de drogas. Identidade cultural e orgulho étnico.

Quem pode jogar?

A sugestão é de que a atividade seja trabalhada com crianças a partir de 10 anos, adolescentes, adultos e idosos. O jogo foi desenvolvido para auxiliar nas estratégias de prevenção universal, seletiva e indicada. Por este motivo, os jogadores podem nunca ter experimentado nenhum tipo de substância psicoativa, como já terem feito uso ou serem dependentes químicos.

Onde jogar?

O jogo pode ser aplicado em diversos serviços, como escolas, consultórios, clínicas de atenção ao usuário de drogas e familiares, serviços de atenção à comunidade, CAPS-AD, CREAS, comunidades terapêuticas, Instituições religiosas, dentre outros. Ele também pode ser trabalhado entre pais e filhos, a fim de proporcionar um ambiente lúdico vindo fomentar o diálogo e a revisão de crenças.

Com quem jogar?

Pais, professores e profissionais em geral que atuam na área da prevenção do uso indevido de substâncias psicoativas.

Tempo de duração

A sugestão é de que em cada encontro o jogo seja desenvolvido:

- em 60 minutos, sendo ele individual, ou seja, quando o profissional ou pai estiver apenas com um único participante.
- em 90 minutos, não ultrapassando 120 minutos em um único encontro, sendo a atividade em grupo.

Como jogar?

A proposta do **Oráculo de Prevenção** é de que os participantes sintam-se livres para jogar. Uma vez que o protagonismo é um fator a ser estimulado para o desenvolvimento de habilidades, torna-se importante que haja espaço na condução da atividade para o jogador ou para o grupo criarem novas dinâmicas e estratégias de jogo.

A seguir há algumas sugestões de aplicabilidade do jogo no contexto clínico, social, de justiça, familiar e/ou escolar:

- Jogo com um participante.
- Jogo em grupo.
- Jogo voltado à Redução de Danos.
- Jogo voltado à Prevenção de Recaídas.
- Jogo com Finalidade Educacional.

Instruções para o facilitador

Encontro 1: Sensibilização: Mitos e Verdades (Anexo 1)

Trata-se de uma etapa mais informativa, como um aquecimento do jogo. As cartas dos mitos e das verdades são distribuídas ao(s) participante(s), o(s) qual(is) deve(m) estar sentado(s). Caso seja um grupo, a sugestão é sentarem em círculo.

É solicitado ao(s) participante(s) ler(em) a carta e dar(em) sua opinião, abrindo para a discussão. Ao final, o facilitador apresenta sua resposta. Em um contexto individual, o facilitador pode jogar diretamente com o único participante, proporcionando um tempo de bate-papo, cuidando somente para que a conversa não fique hierarquizada entre facilitador e participante. A proposta é de que cada carta se torne uma oportunidade de discussão para revisão de crenças. Este é o momento em que os jogadores são convidados a conversar sobre o assunto, se for uma dupla, ou a promoverem uma roda de conversa, se for um grupo maior. Nesta perspectiva, a princípio, não é sugerida uma conversa impositiva ou avaliativa, mas sim, uma conversa que proporcione acolhida àquilo que os participantes têm a dizer sobre o assunto, a fim de que as visões e ideias sejam revisitadas. No anexo 1, há algumas sugestões e instruções.

Esta etapa, chamada de etapa da sensibilização, é opcional, ficando a cargo do facilitador avaliar a sua necessidade. Ela é recomendada para contextos psicoeducacionais ou pedagógicos por se tratar de uma oportunidade de se trabalhar com as crenças. Ao optar pela aplicação da sensibilização, o facilitador terá um tempo estimado de 60 minutos, não devendo ultrapassar 90 minutos.

Em um próximo encontro, o Oráculo de Prevenção poderá ser oferecido ao(s) participante(s) seguindo os passos apresentados a seguir, podendo ser executado em 1 ou 2 encontros de 60 minutos aproximadamente.

Encontro 2: Oráculo de Prevenção (Atividade I)

Passo 1: Solicite ao(s) participante(s) que separe(m) os fatores de risco e os fatores de proteção.

Passo 2: Distribua ao(s) participante(s) as cartas que contém os domínios da prevenção. Em seguida, solicite-lhe(s) que as coloquem em ordem de prioridade, iniciando com os domínios mais importantes em sua vida até os menos importantes.

Passo 3: Oriente o(s) participante(s) a observar suas cartas de fatores de risco e de proteção e a distribuí-las em seus diversos domínios.

Passo 4: Por fim, diga ao(s) participante(s) para preencher(erem) a Atividade I e elencar(em) seus principais domínios e respectivos fatores de risco e de proteção. Vale ressaltar que as cartas de fatores de risco e de fatores de proteção não estão previamente indicadas, com o intuito também de acolher as crenças de cada participante e fomentar o protagonismo e a liberdade de expressão. Este saber caberá ao condutor do jogo, o qual terá, neste livro e nos quadros apresentados neste capítulo, o referencial teórico para fundamentar o conhecimento adequado, a fim de que haja um trabalho das crenças com os participantes.

Encontro 3: Estratégias de Enfrentamento (Atividade II)

Passo 5: Junto ao profissional, discutir estratégias para fortalecer os fatores de proteção e enfraquecer os fatores de risco com o preenchimento da Atividade II. Quando o baralho é jogado em grupo, a sugestão é de dividir os participantes por domínios ou em dois grandes grupos de Fatores de Proteção e de Risco.

Sugestão de Tarefa para Casa

Passo 6: Se a aplicação for toda grupal, ofereça as Atividades I e II aos participantes para que possam preenchê-las em casa, de modo a refletirem os conceitos trabalhados em grupo no âmbito particular e individual na realidade de cada participante.

Anexo 1 – Mitos e Verdades do uso de substâncias psicoativas

1. Uma pessoa tem que beber álcool todos os dias para ser considerada alcoólica.

Instrução para o Facilitador

Estabelecer a distinção entre os três padrões diferentes do beber:

» **Beber de baixo risco ou social:** se a pessoa beber no máximo uma ou doses de bebida alcoólica por dia. Os limites do baixo risco são claros: para o sexo masculino, dois copos de vinho, ou uma latinha de cerveja ou uma dose de 50 ml de destilados; para as mulheres, esses valores são menores porque o metabolismo do álcool nelas é diferente. Quem bebe mais do que isso, mesmo que seja só nos fins de semana, pode desenvolver dependência.

» **Uso nocivo ou abuso:** se a pessoa beber mais do que três doses ao dia. Um exemplo: "Só bebo à noite, em casa, uns três uísques". Essa pessoa pode não ser dependente, mas está sujeita às consequências negativas do álcool, aumentando o risco de hipertensão, câncer, doenças cardiovasculares, dificuldades no sono, problemas de relacionamento, etc.

» **Dependência:** é um estado de necessidade fisiológica que ocorre em graduações mais ou menos elevadas. Os dependentes de álcool sentem necessidade de beber depois de horas ou dias de abstinência (não necessariamente precisam beber diariamente, mas não conseguem ficar sem beber). Aquelas pessoas que bebem com regularidade (hora do almoço ou ao final da tarde) e sentem falta da bebida, provavelmente desenvolveram um grau de dependência alto. No espectro da dependência há a dependência leve, moderada e alta.

2. O álcool é a droga mais usada no Brasil.

Instrução para o Facilitador

O LENAD (Levantamento Nacional de Álcool e Drogas) é um levantamento realizado pelo INPAD (Instituto Nacional de Políticas Públicas do Álcool e Outras Drogas) da UNIFESP (Universidade Federal de São Paulo). O LENAD 2012 constatou:

- » 50% da população brasileira é abstêmia.
- » 16% da população brasileira (quase 11 milhões de pessoas) bebe de forma nociva.
- » 32% da população brasileira (21,8 milhões de pessoas) bebe moderadamente.

Se compararmos com a Maconha, 7% da população experimentou (8 milhões) e 3,4 milhões de pessoas são dependentes.

- » 1,3% da população (cerca de 2 milhões de pessoas) usam maconha e cocaína concomitantemente.

3. Os cigarros ajudam as pessoas a se acalmarem.

Instrução para o Facilitador

O cigarro não acalma as pessoas. Ele as deixam mais nervosas porque a nicotina é um poderoso estimulante que desperta o sistema nervoso. Se uma pessoa nunca fuma, a não ser quando está nervosa, isso significa que deve ser um hábito. Entretanto, ainda é estranho pensar que uma substância que deixa as pessoas mais tensas e nervosas pode acalmá-las. A razão pela qual a maioria dos fumantes se sente calmo depois de fumar se deve à abstinência, pois a nicotina é altamente viciante e a maioria dos fumantes são viciados nessa substância. Quando o nível de nicotina no sangue do fumante começa a baixar, ele se sente irritado, tenso e nervoso. Então, ele fuma um cigarro, o que aumenta novamente o nível de nicotina, acalmando-o. O que ocorre de fato é que o fumante se livra da síndrome da abstinência, usando a nicotina. É importante utilizar outros métodos para amenizar o nervosismo, como técnicas de relaxamento, bem como entender os motivos e saber lidar melhor com eles em uma psicoterapia.

4. Fumar prejudica também os não fumantes que inalam a fumaça do cigarro dos fumantes.

Instrução para o Facilitador

Os riscos do fumo esporádico também se estendem as pessoas que costumam ficar próximas a quem está fumando, mesmo sem estar com o cigarro em mãos, pois ficam expostas às cerca de 4.720 substâncias tóxicas presentes no cigarro. Estima-se que a cada três cigarros fumados, o fumante passivo consome um por tabela. Além disso, a fumaça que sai da ponta do cigarro e se difunde no ambiente carrega, em média, o triplo de nicotina, de monóxido de carbono e até 50 vezes mais substâncias cancerígenas do que a fumaça que o fumante inala.

Estudos publicados na época em que o Estado de São Paulo proibiu o fumo em ambientes coletivos, públicos ou privados mostraram que o fumante passivo exposto ao cigarro nessas ocasiões mantinha sinais alterados até uma semana após a "balada". A lei antifumo é de maio de 2009.

5. O cigarro demora em criar dependência.

Instrução para o Facilitador

A maioria dos fumantes é dependente em nicotina e, segundo algumas pesquisas mostram, eles se viciaram rapidamente desde o primeiro ano em que começaram a fumar ou mesmo antes. Cerca de 90% ou mais dos fumantes são viciados e, justamente por isso, não é comum fumantes ocasionais. O vício pode ser reconhecido pelo padrão da média dos dependentes. Depois de fumar um cigarro, o nível de nicotina no sangue sobe, caindo rapidamente após os próximos 40 minutos. Os fumantes vão precisar logo do próximo cigarro, a fim de elevar o nível novamente em cerca de 45 ou 60 minutos. A maioria dos fumantes fuma um maço ao dia, mais ou menos de 15 a 20 cigarros. A nicotina é sem dúvida a razão principal pela qual a maioria dos fumantes acha difícil largar o vício, e é por isso que os tratamentos e medicamentos podem ser muito úteis.

6. As crianças, cujos pais são bebedores pesados, têm maior risco de desenvolver problemas com álcool do que as outras crianças.

Instrução para o Facilitador

Filhos de alcoolistas são quatro vezes mais propensos de desenvolver alcoolismo do que aqueles que não são filhos de dependentes de álcool.

A percepção das crianças sobre a quantidade de consumo de álcool dos pais, bem como as circunstâncias, parece influenciar a frequência da bebida na vida adulta. As expectativas sobre o hábito de beber parece ser um dos mecanismos que explica a relação entre alcoolismo paterno e beber pesado entre descendentes no início da vida adulta. Em geral, as famílias acometidas apresentam um impacto negativo sobre a aprendizagem precoce do consumo de álcool e outras drogas por parte das crianças.

Verificou-se que as famílias com um pai dependente de álcool exibem interação familiar mais negativa durante a resolução de problemas e discussões quando comparadas com famílias não alcoólicas.

Filhos de dependentes de álcool são mais propensos a se casar com conjuges cujo alcoolismo é prevalente.

O alcoolismo parental influencia o uso de substâncias em adolescentes por meio do *stress*, afeto negativo e diminuição da monitoração parental.

Mas muitos filhos desenvolvem a capacidade de resiliência: a capacidade de adaptação ou de funcionamento positivo de uma pessoa frente às adversidades a que venham estar exposta em determinado momento de sua vida pessoal. Com isso, são frequentes também os casos das pessoas que adotam uma postura totalmente contrária ao uso de substâncias. Logo, o alcoolismo familiar pode aumentar o risco do desenvolvimento de problemas com álcool nos filhos, mas não é determinante.

7. A maconha afeta a coordenação motora de quem a usa.

Instrução para o Facilitador

Muitos estudos demonstram que a intoxicação pela maconha compromete a capacidade de dirigir automóveis e de realizar outras atividades que requeiram maior atenção e coordenação motora até cerca de 10 h após o uso. É possível, ainda, que alguns desses efeitos persistam até o dia seguinte. As habilidades de falar coerentemente, formar conceitos, concentrar e transferir material da memória imediata para a de longo prazo ficam comprometidas, além de ocorrerem importantes alterações na percepção de tempo e espaço.

8. As pessoas que usam maconha têm maior probabilidade de se envolver com outras drogas quando comparadas às pessoas que não usam.

Instrução para o Facilitador

A teoria dos comportamentos problemáticos de Jessor e Jessor mostra que vários dos chamados *comportamentos desviantes* (bebida, fumo, uso de drogas, rebeldia, delinquência, direção perigosa, agressão, baixos resultados acadêmicos, menor frequência a igrejas, menor orientação para o trabalho, iniciação sexual precoce e sexo desprotegido) ocorrem em um mesmo indivíduo. Outros estudos indicam o desenvolvimento de uma sequência iniciando pelos comportamentos delinquentes, progredindo para a ingestão de álcool e uso de cigarros, para o uso da maconha e, então, para problemas relacionados com a bebida, finalizando com o uso de drogas pesadas. A melhor explicação para esses fenômenos não seria qualquer efeito farmacológico específico da maconha (ela, por si só, não gera necessidade de outras drogas). Deve haver uma combinação de fatores: por um lado, a escolha inicial pelo uso da maconha por um grupo de adolescentes já reflete maior curiosidade por drogas e, portanto, maior chance de prosseguir experimentando outras. Por outro lado, o processo de socialização e a subcultura dos usuários aumentaria a exposição destes a outras drogas e encorajaria seu uso. Mas vale a pena dizer: nem todo usuário de maconha progredirá para o uso de drogas mais pesadas.

9. O uso de maconha durante a gravidez pode ser extremamente prejudicial ao feto.

Instrução para o Facilitador

Existem estudos que relatam um maior risco de parto prematuro e outros que constatam prolongamento da gestação, o que em alguns casos também pode acarretar riscos ao feto.

10. A maconha pode desencadear sintomas psicóticos em usuários.

Instrução para o Facilitador

Os sintomas mais comuns são confusão mental, alucinações (principalmente visuais), delírios, labilidade emocional, amnésia, desorientação, despersonalização e sintomas paranoides. Estas reações são raras e ocorrem após um uso pesado eventual. Na maioria dos casos, esses sintomas desaparecem com a abstinência.

As razões para se crer que a *Cannabis* provoca psicose incluem uma combinação de fatores:

» Os sintomas se estabelecem logo após o uso de grande quantidade de *Cannabis*.

» Os indivíduos afetados mostram sintomas *orgânicos*, como confusão, desorientação e amnésia.
» Muitos não têm histórico pessoal ou familiar de psicose anterior ao uso.
» Os sintomas desaparecem rapidamente após um período de abstinência.
» A recuperação normalmente é completa, ou seja, o indivíduo não apresenta qualquer sintoma psicótico residual, como aqueles vistos em esquizofrênicos.
» Pode ocorrer novamente após o indivíduo recomeçar o uso.

11. Consumo de álcool durante a gravidez não prejudica o feto.

Instrução para o Facilitador

O consumo de álcool por gestantes configura-se em um sério problema na área de saúde pública, uma vez que o álcool é uma das substâncias que mais traz danos ao feto, podendo manifestar-se por um quadro completo, denominado Síndrome Alcoólica Fetal (SAF), ou um incompleto, conhecido como Efeito Alcoólico Fetal (EAF).

A exposição ao álcool em qualquer período da gravidez pode interferir no desenvolvimento cerebral do feto, sendo o período de maior risco as cinco primeiras semanas de gestação. Uma das consequências mais evidentes do uso de álcool na gestação é a diminuição do crescimento cerebral, manifestado pela microcefalia. Outro órgão vulnerável aos efeitos do álcool na gestação é o coração.

A SAF é uma condição irreversível caracterizada por anomalias craniofaciais típicas, deficiência de crescimento, disfunções do sistema nervoso central e várias malformações associadas. Trata-se da principal causa de retardo mental e de anomalias congênitas não hereditárias.

12. O grau de intoxicação alcoólica detectado pelo bafômetro para quem dirige embriagado é 0.01.

Instrução para o Facilitador

A lei assume tolerância zero com o álcool. Antes, um motorista podia ter até 0,6 gramas de álcool por litro de sangue (aproximadamente dois copos de cerveja). Agora, mais do que zero de álcool é infração gravíssima, com multa e suspensão do direito de dirigir por um ano.

13. A idade mínima para comprar tabaco e álcool no Brasil é 18 anos.

Instrução para o Facilitador

Embora a venda de cigarro e de bebidas alcoólicas para menores de 18 anos seja proibida no país, o produto pode ser facilmente comprado por essa parcela da população, devido ao não cumprimento de leis por parte de alguns comerciantes e pela falta de fiscalização. Logo, o mais importante é o jovem ter sua responsabilidade e cuidado com a saúde, independente do entorno.

14. A venda de cigarro só poderá ser realizada mediante apresentação de documento de identificação com fotografia no ato da venda de cigarros e afins.

nstrução para o Facilitador

A lei atual proíbe a venda de cigarros e outros produtos deste tipo para menores de idade, assim como já funciona com as bebidas alcoólicas.

De acordo com o Instituto Nacional de Câncer, o INCA, A Convenção-Quadro para o Controle do Tabaco determina, em seu artigo 16, que devem ser adotadas as seguintes medidas para proibir a venda de produtos de tabaco aos menores de idade:

» exigir que o comprador apresente prova da maioridade;

» proibir que os produtos de tabaco à venda estejam diretamente acessíveis aos consumidores, como em prateleiras de supermercado;

» proibir a venda de doces, brinquedos ou qualquer outro objeto ou alimento com o formato de produtos de tabaco;

» proibir a distribuição gratuita de produtos de tabaco;

» proibir a venda avulsa de cigarros ou em embalagens com poucas unidades, que são mais acessíveis a crianças e adolescentes.

No Brasil, desde 1990, o Estatuto da Criança e do Adolescente (**Lei n.º 8.069/1990**) proíbe vender ou entregar produtos cujos componentes possam causar dependência física ou psíquica às crianças ou aos adolescentes, como é o caso dos produtos derivados de tabaco. Em 2003, essa proibição tornou-se mais expressa com a Lei n.º 10.702/2003, a qual proíbe a venda de quaisquer produtos de tabaco a menores de 18 anos.

De acordo com o INCA, um desafio importante a enfrentar é a comprovação da maioridade do consumidor no ato da compra de produtos de tabaco. Além de não existir legislação específica, normalmente crianças e adolescentes não são questionados sobre sua idade no ato da compra ou não se exige a apresentação de um documento que demonstre a maioridade.

15. A pessoa já nasce dependente do álcool.

Instrução para o Facilitador

O termo utilizado em Medicina para alcoolismo é Síndrome da Dependência Alcoólica. O conceito de síndrome é utilizado na medicina para designar um agrupamento de sinais e sintomas. Nem todos os elementos estão presentes em todos os casos, mas o quadro deve ser suficientemente regular e coerente para permitir seu reconhecimento clínico e a distinção entre síndrome e não síndrome.

Em oposição ao conceito de alcoolismo, visto como doença sob uma perspectiva categorial (é ou não é), a Síndrome da Dependência Alcoólica propõe um diagnóstico dimensional, ou seja, deve-se avaliar não só a presença, mas também a intensidade dos sintomas ao longo de um contínuo de gravidade. A síndrome pode ser reconhecida pelo agrupamento dos sintomas, embora não seja necessário que todos estejam presente ao mesmo tempo (o que tenderá a ocorrer conforme aumenta a gravidade).

Os elementos-chave para diagnóstico da síndrome de dependência alcoólica, que também podem ser utilizados para diagnosticar dependência de outras drogas, estão relacionados a seguir e em conformidade com os originalmente formulados por Edwards e Gross (1976), sendo necessário no mínimo 3 critérios positivos em 12 meses:

» **Estreitamento do repertório**: conforme a dependência avança, os estímulos relacionam-se crescentemente com o alívio ou com a tentativa de evitar a abstinência. Logo, o repertório pessoal torna-se cada vez mais restritivo, com padrões mais fixos: o indivíduo passa a ingerir a mesma bebida ou droga, nos mesmos horários e nas mesmas condições; as companhias, o estado de humor, ou as circunstâncias vão se tornando cada vez menos relevantes.

» **Saliência do uso**: com o avanço da dependência, o indivíduo passa a priorizar a manutenção da ingestão da droga. O consumo vai se tornando mais importante que a família, o trabalho, a casa, a saúde. O sujeito passa a centrar seu comportamento e suas atividades em função da droga, organizando sua vida e seus compromissos conforme a existência ou não dela.

» **Aumento da tolerância**: o sistema nervoso central é capaz de desenvolver tolerância ao álcool e às drogas. Tolerância é definida como a diminuição da sensibilidade aos efeitos da droga, a qual ocorre como resultado da prévia exposição a ela. Clinicamente, a tolerância se manifesta no fato de, por exemplo, a pessoa ser capaz de ingerir grandes quantidades de bebida alcoólica e conseguir fazer coisas com uma alcoolemia que incapacitaria o bebedor não tolerante. É observada tanto em dependentes quanto em usuários pesados. Nos estágios mais avançados da dependência alcoólica, por razões que ainda não estão claras, o indivíduo começa a perder sua tolerância e fica incapacitado com quantidades de álcool que antes suportaria: pode então começar a cair bêbado na rua.

» **Sintomas de abstinência**: os sintomas de abstinência resultam de adaptações feitas pelo cérebro à interrupção ou redução do uso das substâncias. As manifestações clínicas da abstinência variam conforme a droga ingerida. Por exemplo: a abstinência do álcool caracteriza-se principalmente por tremores, náuseas, sudorese e perturbação do humor (entre outros). A depressão, a ansiedade e a paranoia são sintomas típicos de abstinência de cocaína. As manifestações clínicas típicas de cada droga serão descritas detalhadamente nos capítulos adiante.

» **Alívio ou tentativa de se evitar os sintomas de abstinência pelo aumento do consumo**: constitui o mecanismo adaptativo do indivíduo ao aparecimento da síndrome de abstinência, envolvendo comportamentos que a evitem. O indivíduo pode tentar manter um nível de consumo estável da substância, que aprendeu a reconhecer como confortável e acima de um nível perigoso. Assim, seu consumo agora é desencadeado com o objetivo de evitar ou aliviar os desagradáveis sintomas de abstinência.

» **Percepção subjetiva da compulsão para o uso**: é a percepção que o indivíduo tem de sua falta de controle. A pessoa pode relatar isso como sendo uma sensação de estar nas garras de algo indesejado, como "fissura", *craving*, desejo intenso, ou ainda, de uma forma bem particular. A compulsão tem sido tomada praticamente como sinônimo da perda de controle que, durante algum tempo, foi tida como elemento central do alcoolismo em termos conceituais e classificatórios. Entretanto, do ponto de vista psicopatológico, a compulsão é definida como um ato executado contra a vontade ativa do sujeito, apesar do reconhecimento de seu caráter absurdo. Em muitas ocasiões em que se emprega a compulsão como sinônimo de perda de controle, trata-se, na verdade, de uma desistência do controle, em vez de uma perda.

» **Reinstalação após a abstinência**: é o processo por meio do qual uma síndrome que levou anos para se desenvolver pode se reinstalar dentro de 72h de ingestão. A dependência reemerge como se houvesse uma "memória" irreversível instalada. Quanto mais avançado tiver sido o grau prévio de dependência, mais rapidamente a pessoa exibirá níveis elevados de tolerância.

16. Dependência química não é uma doença.

Instrução para o Facilitador

Dependência química é uma doença. A dependência química encontra-se classificada entre os transtornos psiquiátricos, sendo considerada uma doença crônica, a qual pode ser tratada e controlada simultaneamente como doença e como problema social, segundo apresentado pela Organização Mundial da Saúde (2001). Por se tratar de uma doença crônica, ela leva a pessoa a uma progressiva mudança de comportamento, gerando adaptação à doença, protegendo assim o uso da droga. Ainda na concepção da dependência química como doença, ela é caracterizada como progressiva, mas tratável, apesar de acarretar problemas significativos para o dependente.

17. Quando o dependente químico para de usar a substância ele não sente mais falta dela.

Instrução para o Facilitador

A síndrome de abstinência é um conjunto de sinais e sintomas que aparece quando as pessoas usuárias de uma determinada substância diminuem ou interrompem o consumo.

O quadro clínico de uma dada síndrome de abstinência varia de acordo com a substância consumida. A identificação do tipo de droga usada é importante para que seja feito o tratamento corretamente, mesmo sendo mais comum o abuso de mais de um tipo de droga.

Seu curso tipicamente varia de alguns dias a duas semanas, mas há sintomas que podem persistir por meses no caso do álcool, tabaco ou cocaína (síndrome de abstinência prolongada).

Os sintomas ligados aos danos causados ao cérebro podem ser descritos como: dificuldade de concentração, problemas de memória, reação emocional exagerada ou apatia, distúrbios ou alterações do sono, problemas de coordenação motora e sensibilidade ao *stress*.

A síndrome de abstinência prolongada pode desencadear recaída com maior frequência, mas seus sintomas são potencialmente reversíveis desde que a pessoa receba o tratamento médico adequado. Vale ressaltar que, em alguns casos, se não tratada pode acarretar morte ao usuário.

17. Quando o dependente químico para de usar a substância ele não sente mais falta dela.

Instrução para o Facilitador:

A amamentação é um campo de preocupação para os profissionais que atuam com gestantes usuárias de qualquer tipo de substância, visto que, de modo geral, todas as substâncias podem modificar a produção, o volume e a composição do leite materno, sendo então excretadas em maior ou menor quantidade.

O bebê exposto à cocaína por meio da amamentação pode manifestar quadro de extrema irritabilidade, tremores, aumento da frequência cardíaca e hipertensão. A exposição à maconha pode deixar o lactente letárgico e com alteração do padrão da mamada. Especificamente em relação ao tabaco, a própria fumaça pode ser inalada pelo bebê e favorecer o aparecimento de cólicas e doenças respiratórias.

Quanto à amamentação de filhos de alcoolistas, pode haver uma redução na produção de leite sem alteração na qualidade, mas o álcool pode causar efeitos adversos no sono da criança, em seu desenvolvimento neuromotor e, posteriormente, no aprendizado. O álcool é transferido para o leite materno. Por isso, recomenda-se à mãe que ingeriu bebida alcoólica se abster de amamentar nas horas seguintes à ingestão. O ideal seria a abstenção.

18. Um pouco de álcool na gravidez ajuda na produção de leite materno.

Instrução para o Facilitador:

A amamentação é um campo de preocupação para os profissionais que atuam com gestantes usuárias de qualquer tipo de substância, visto que, de modo geral, todas as substâncias podem modificar a produção, o volume e a composição do leite materno, sendo então excretadas em maior ou menor quantidade.

O bebê exposto à cocaína por meio da amamentação pode manifestar quadro de extrema irritabilidade, tremores, aumento da frequência cardíaca e hipertensão. A exposição à maconha pode deixar o lactente letárgico e com alteração do padrão da mamada. Especificamente em relação ao tabaco, a própria fumaça pode ser inalada pelo bebê e favorecer o aparecimento de cólicas e doenças respiratórias.

Quanto à amamentação de filhos de alcoolistas, pode haver uma redução na produção de leite sem alteração na qualidade, mas o álcool pode causar efeitos adversos no sono da criança, em seu desenvolvimento neuromotor e, posteriormente, no aprendizado. O álcool é transferido para o leite materno. Por isso, recomenda-se à mãe que ingeriu bebida alcoólica se abster de amamentar nas horas seguintes à ingestão. O ideal seria a abstenção.

19. A propaganda na televisão influencia o consumo de bebida alcoólica.

Instrução para o Facilitador

As propagandas de bebidas alcoólicas associam-se positivamente ao consumo recente de cerveja, pois remetem os adolescentes à própria realidade ou os fazem acreditar em sua veracidade.

No Brasil, além de poucos programas de prevenção ao consumo de álcool, há poucas restrições à propaganda de bebidas alcoólicas.

Pesquisas sugerem que a forma mais eficaz de controlar a influência da propaganda sobre o consumo de álcool seria diminuir a exposição aos mais jovens, restringindo a veiculação de propagandas de bebidas alcoólicas, incluindo cerveja, na televisão e em outros meios de comunicação. Tal restrição inexiste no Brasil para a propaganda de cerveja.

20. A internação é o único tratamento eficaz para a Dependência Química.

Instrução para o Facilitador

Há várias possibilidades de tratamento para a Dependência Química, sendo a internação apenas uma das possibilidades. Existe o tratamento medicamentoso feito, em geral, por médicos psiquiatras, psicoterapeutas e grupos de autoajuda. As internações podem ser curtas, com variação de 1 a 2 semanas para desintoxicação, ou longas, podendo variar de 1 a 9 meses.

É importante destacar que o encaminhamento para um determinado tipo de tratamento deve ser bem analisado, pois a eficácia das opções vai variar de acordo com a adequação da pessoa ao tratamento escolhido.

21. A recaída significa que o tratamento não deu certo.

Instrução para o Facilitador

A recaída não implica, necessariamente, na conclusão de que a pessoa esteja regredindo ou parada no mesmo lugar. Trata-se de um evento possível de ocorrer com pessoas que mudam um hábito ou comportamento e, ao acontecer, recomenda-se não interromper o tratamento para se atingir a manutenção da mudança do comportamento de risco.

22. A concentração de maconha é sempre igual em suas preparações.

Instrução para o Facilitador

A concentração de THC também varia entre as três formas mais comum da *Cannabis sativa*: a maconha, o haxixe e o óleo de *hash*. A maconha é a forma mais utilizada no Brasil e também é conhecida pelos nomes: marijuana, erva, fumo, ***back***, etc. É uma mistura das folhas, sementes, caules e flores secas da planta. Existem evidências de que nos últimos anos a concentração de THC na maconha vem aumentando: nos anos 1960, ficava em torno de 1%. Atualmente, chega a 4%, podendo em algumas situações atingir 20% (*skunk*).

O haxixe é uma resina extraída da planta seca e das flores. É de 5 a 10 vezes mais potente que a maconha comum.

O óleo de *hash* é uma substância viscosa ainda mais potente, cujo THC é extraído do haxixe ou da maconha com o uso de um solvente orgânico. Esse "extrato" é filtrado e, muitas vezes, purificado. A concentração de THC no óleo de hash fica entre 15% e 50%.

23. Nenhum exame consegue detectar se a pessoa consumiu alguma droga ou álcool.

Instrução para o Facilitador

Existem 2 categorias de exames para a detecção do uso de substâncias psicoativas:

» Exame toxicológico instantâneo – Semelhante aos testes caseiros para gravidez, são baratos e rápidos, porém muito pouco confiáveis e com janela de detecção curta. Esse exame usa como base de testes fluídos corporais como urina e suor. O bafômetro também se enquadra aqui.

» Exame toxicológico laboratorial – É realizado em laboratórios a partir de amostras biológicas, podendo usar para o teste queratina (cabelo ou pelos), sangue, urina ou saliva.

Para identificar se a pessoa consumiu recentemente alguma substância, é usado o teste laboratorial em fluídos corporais (urina, suor, saliva e sangue). O resultado não se expressa em quantidades, ou seja, não analisa o quanto da substância foi consumida.

No exame por amostras de queratina (cabelos ou pelos), há uma coleta mais fácil e um período de detecção maior. É mais utilizado quando se quer saber da quantidade da substância consumida pelo usuário com uma precisão maior de período de tempo.

24. Fumar maconha acarreta menos danos à saúde do que o cigarro e o álcool.

Instrução para o Facilitador

A maconha e o fumo produzem efeitos adversos e distintos nos usuários, mas também compartilham alguns efeitos agudos e crônicos, dentre eles os irritativos nos pulmões e os estimulantes no coração (advindos tanto da nicotina como da maconha), principalmente em pessoas com algum problema prévio nesses órgãos.

No que se refere aos efeitos crônicos, tanto o cigarro quanto a maconha geram distúrbios respiratórios, como bronquite e, provavelmente, câncer de pulmão, boca, esôfago e estomago. O fato do usuário de maconha reter a fumaça por mais tempo nos pulmões do que o fumante de cigarro comum facilita o aparecimento de irritação nos órgãos e o desenvolvimento do câncer. Além disso, a maconha é geralmente fumada sem filtro e sua fumaça tem cerca de 50% a mais de substâncias cancerígenas, o que contribui para o maior risco de desenvolvimento de câncer. As pessoas que associam o uso do cigarro com o da maconha fazem parte de um grupo de risco para o desenvolvimento de problemas pulmonares mais acentuados.

Vale ressaltar que as alterações cerebrais e comportamentais produzidas pela maconha são mais pronunciadas do que as produzidas pela nicotina, com alterações consideráveis de memória e de capacidade mental, além de aumento do risco de problemas psiquiátricos, os quais a nicotina não causa.

25. A maconha queima neurônios.

Instrução para o Facilitador

Não está provado que a maconha cause danos cerebrais irreversíveis em seres humanos. Entretanto, seu uso crônico pode acarretar consequências como a diminuição de habilidades mentais, especialmente na capacidade de prestar atenção e memorização de acontecimentos recentes. Em médio e longo prazo, a redução dessas habilidades persiste enquanto o usuário se mantiver cronicamente intoxicado e pode ou não se reverter com a interrupção do uso e/ou abstinência prolongada.

Quanto maior o tempo de uso e quantidade, maior o impacto nas habilidades mentais, especialmente entre adolescentes que estão em fase de desenvolvimento.

26. Cocaína é diferente do *crack*.

Instrução para o Facilitador

O *crack* nada mais é do que a cocaína em pó, adicionada de água e bicarbonato de sódio. Essa mistura é aquecida até a água evaporar e o produto final consiste de pedras de cocaína. O nome *crack* origina-se de uma palavra inglesa que descreve o som produzido durante o processo de aquecimento da droga na hora de ser fumada.

O *crack* surgiu nos EUA, no final da década de 80, como uma forma de cocaína a ser fumada. É impossível fumar a cocaína em pó, pois ela desmancha e não vira fumaça. O *crack* geralmente é colocado num tipo de cachimbo caseiro que precisa ser aquecido, fazendo uso do fosforo ou do isqueiro.

A cocaína em pó se assemelha a farinha, sendo ela uma das gírias pela qual a cocaína é conhecida: um pó branco e cristalino. O *crack* parece uma pedra de açúcar, com a coloração variando do branco ao marrom.

27. Os primeiros efeitos da cocaína são sempre bons.

Instrução para o Facilitador

A cocaína é o que se chama de droga estimulante e seu primeiro efeito é causar um estado de excitação acentuado.

O usuário fica eufórico, desinibido, alerta ou "elétrico" e tem uma sensação de bem-estar. A autoestima e o desejo sexual podem aumentar, a pessoa fala muito e o apetite diminui.

Outros efeitos prováveis dessa droga são: falta de sono, agressividade, irritabilidade, inquietação, dificuldade de tomar decisões. Há também uma sensação de anestesia, principalmente nas regiões onde houve contato com a droga. Exemplo: se a pessoa cheirou, o nariz fica adormecido.

Do ponto de vista físico ocorre um aumento dos batimentos cardíacos, diminuição do tamanho das pupilas, da pressão arterial, da respiração e da sudorese. Podem ocorrer ainda náuseas, vômitos e até alucinações.

Todos esses efeitos, tanto os considerados "bons" quanto os ruins, são bastante intensificados pelo uso de substancia injetável ou pelo uso do *crack*.

No caso do *crack*, além dos aspectos já citados, o usuário tem sua coordenação motora reduzida e a tendência ao isolamento se acentua, diferentemente da maior sociabilidade gerada pela cocaína inalada.

28. As drogas e o álcool aumentam o prazer sexual.

Instrução para o Facilitador

Ao longo da história, e em diferentes culturas e sociedades, diversas drogas foram utilizadas no intuito de "favorecer" a atividade sexual. O álcool ficou conhecido como um poderoso desinibidor do comportamento, bem como fumar cigarros associou-se tradicionalmente ao *glamour* e a maior atratividade. Algumas drogas e substâncias recreacionais foram consideradas afrodisíacas por facilitarem a aproximação e o desempenho sexual.

A disfunção sexual, por sua vez, está reconhecidamente associada ao consumo excessivo de álcool, ao tabagismo e ao abuso/dependência de drogas. Além do fato de que dependentes de substâncias vivem experiências sexuais diferentes da população no geral: pode haver violência sexual (para encobrir o medo ou o sentimento de inadequação/inferioridade), prostituição (para obtenção da droga) e outras formas de degradação sexual.

29. Drogas e AIDS andam sempre juntos.

Instrução para o Facilitador

O vírus que causa a AIDS (HIV) pode ser contraído de três maneiras:

» sexo sem proteção (sem camisinha);
» sangue infectado, por doação de sangue ou pelo compartilhamento de seringas;
» gravida infectada pode transmitir o vírus ao bebê.

Usuários de drogas podem contrair o vírus da AIDS se partilharem seringas com usuários infectados e/ou se mantiverem relações sexuais sem camisinha com pessoas infectadas. A necessidade de dinheiro para comprar a droga pode até levar o usuário a se prostituir, aumentando os riscos de contrair a AIDS.

É importante lembrar que o teste de HIV pode ser realizado num posto de saúde ou num hospital que tenha um ambulatório especializado em tratamento de doenças infecciosas ou sexualmente transmissíveis, gratuitamente.

30. Parar de usar cocaína / *crack* não é um bicho de sete cabeças.

Instrução para o Facilitador

Após o uso crônico da cocaína e com o desenvolvimento da dependência, o sistema nervoso fica num estado de excitação constante. Quando o usuário para de usar a droga, alguns sintomas aparecem como uma reação conhecida por *sintomas de abstinência da cocaína*. Esses sintomas têm três fases:

Fase 1: Duração de um a três dias após o último consumo. Os sintomas caracterizam-se por depressão, ansiedade, irritabilidade, falta de prazer, fome e vontade de usar mais cocaína. Gradualmente, o desejo pela cocaína diminui e a vontade de dormir fica mais intensa.

Fase 2: Duração de uma a dez semanas. O desejo intenso pela cocaína se mantém, com sintomas como irritabilidade, ansiedade e falta de prazer. Progressivamente, a memória dos efeitos negativos da cocaína começa a desaparecer e o desejo de uso tende a ficar mais forte, sobretudo quando o usuário contrasta a falta de prazer que experimenta no momento atual com o prazer que obtinha usando a droga. Essa é a situação de risco para a recaída.

Fase 3: Duração de vários meses. Pode ocorrer a permanência de certo desejo pelo uso da droga, mas muito mais leve.

Alguns sintomas depressivos também podem durar alguns meses. É importante notar que esses sintomas causam desconforto e são fatores de risco para uma recaída, mas de forma nenhuma ameaçam a pessoa. O mais importante é o usuário reconhecer esses sintomas, saber seu significado e se tornar consciente dos riscos da recaída pelo desconforto. Um dos sintomas mais traiçoeiros da abstinência é a vontade de usar a droga novamente.

Quando uma pessoa está em tratamento, ela deve aprender a recuperar a capacidade de se controlar para não usar a droga novamente. Ela precisa adotar algumas estratégias, como manter-se ocupada em alguma atividade, procurar pensar em outras coisas, telefonar ou falar com algum amigo que possa entender seu problema, tomar um banho gelado, ler um livro, participar de grupos de autoajuda, etc.

Nessa fase de recuperação, o grande desafio para a pessoa é perceber que ela não perdeu totalmente o controle, mas que pode trabalhar a sua criatividade e a sua motivação no sentido de buscar alternativas viáveis para a manutenção da saúde.

31. Se uma pessoa fuma um baseado, isto significa que ela é viciada.

Instrução para o Facilitador

Não se fica viciado fumando um cigarro de maconha. O mesmo se aplica para as outras drogas. Porém, constatando o uso, é importante que os pais abram espaço para o diálogo com o filho, estimulando-o a falar e até compartilhar a experiência, almejando uma conversa colaborativa entre as partes.

O fato que usar maconha uma ou algumas vezes não gera dependência, mas deve-se ter em mente tal experiência se aumentada. Ela pode fazer com que o consumo se torne regular e comece a afetar outras áreas de vida da pessoa.

32. Os usuários de drogas só procuram sensações de prazer.

Instrução para o Facilitador

Não há uma resposta simples. Existem muitas razões pelas quais as pessoas usam drogas. Fatores que podem ser considerados importantes incluem: a disponibilidade de drogas no bairro, o preço das drogas em relação à renda da pessoa, as atitudes dos amigos (pressão social) e da família diante do uso, o desejo de buscar experiências novas e excitantes, a simples curiosidade e alguns transtornos psiquiátricos podem aumentar o risco do uso de substâncias.

Algumas pessoas buscam uma forma de intensificar o nível de prazer. Outras, por se sentirem relaxadas ou excitadas, dependendo do tipo de substância usada, procuram uma forma de tornar o convívio social mais fácil. E há ainda aquelas pessoas que fumam para fugir da realidade, das responsabilidades e dos problemas.

Também há pessoas que usam drogas por curiosidade ou porque alguém ofereceu e acabam por se tornar dependentes. Há pessoas que têm depressão, ansiedade, dificuldades de atenção e, ao usar uma substância, inicialmente conseguem se sentir melhor e por isso intensificam o uso tornando-se dependentes. O importante é saber quais são as razões das pessoas em procurar por uma droga e buscar ajudá-las em suas necessidades, sem julgamentos morais, pois se trata de um problema de saúde, uma doença.

33. É muito simples ajudar um dependente de drogas / álcool.

Instrução para o Facilitador

O ideal é que o usuário admita que esteja usando droga e concorde em buscar ajuda. Somente então se deve marcar a consulta em uma clínica prestadora desse tipo de serviço de atendimento a usuários de drogas.

É muito comum a pessoa admitir sua condição de usuário, mas não aceitar nenhum tipo de tratamento por achar que pode se recuperar sozinho. Nesse caso, convém à família procurar uma ajuda especializada para conduzir a situação de forma produtiva e não confortativa. Além de haver preconceitos em relação ao tratamento, muitas vezes o usuário chega a negar a gravidade do problema. Só depois de entrar em contato com um serviço de atendimento a pessoa descobre que os profissionais vão ajudá-lo e entendê-lo.

Caso os familiares não consigam levar o usuário a um tratamento, faz-se necessário os próprios pais se dirigirem ao serviço de atendimento em busca de orientação e ajuda. Muitos serviços têm grupos de apoio para pais e outros parentes de usuários.

Não existindo um serviço público em seu bairro e/ou se a família não tem dinheiro para marcar a consulta particular, outra opção é participar das reuniões dos grupos de autoajuda: Naranon; Alanon e Amor Exigente – são organizações de familiares de dependentes químicos que oferecem autoajuda gratuitamente. Nessas reuniões, as pessoas falam sobre suas próprias experiências e de como lidaram com as drogas e o álcool. Trata-se de uma boa saída para diminuir o peso do problema e para a família entrar em contato com alternativas de solução que talvez possam fazer diferença na recuperação do usuário.

34. A família também precisa de tratamento.

Instrução para o Facilitador

A maioria das famílias precisa de informação, apoio, ajuda e orientação básica. Os pais sempre querem fazer o melhor para ajudar seus filhos, mas, às vezes, o que se julga como um bom procedimento pode na realidade piorar a situação do usuário.

Há histórias de pais que acabam comprando *crack* para os próprios filhos, levando-os de carro aos pontos de venda da droga. Isso pode parecer uma loucura, mas muita coisa aconteceu para que os pais cheguem a esse ponto de desespero.

A seguir há outros exemplos, muito mais comuns:

- » Os pais ligam para a escola ou para o trabalho do filho dizendo que ele está doente, quando na verdade ele está usando droga ou se recuperando de uma ressaca.
- » Os pais dão desculpas ou inventam histórias a parentes, vizinhos e colegas para explicar o comportamento do filho.
- » Os pais pagam as dívidas em drogas do filho .

Um dos primeiros procedimentos dos pais deve ser parar de acobertar e proteger o filho: a pessoa precisa se responsabilizar pelas consequências do uso da droga.

Neste contexto, muitas vezes os pais precisam tomar decisões muito difíceis. Imagine o caso de um jovem cujos pais são pobres: um dia o filho recebe uma ameaça de morte porque não pagou a dívida com o traficante. Poucos pais deixariam de pagar essa dívida, pois sabem dos riscos envolvidos e de jovens assassinados por envolvimento com drogas. Como agir numa situação como essa? Nenhum profissional tem a resposta muito clara.

A experiência mostra que nas famílias em que há usuários de drogas também ocorrem outros problemas, sejam eles de relacionamento entre familiares ou de doença. É preciso tomar cuidado porque muitas vezes o dependente se torna o "paciente identificado" da família, isto é, ele concentra todos os problemas do grupo familiar como se fosse o único problemático.

Num primeiro momento, é necessário realmente focar a atenção no dependente, entretanto, torna-se extremamente saudável a busca por ajuda para a família em geral. A recuperação do dependente gera mudanças no núcleo familiar, desequilibrando a família habituada a ter um membro dependente.

35. A opinião do usuário de drogas não é importante no tratamento.

Instrução para o Facilitador

Infelizmente, não existe um tratamento único que se seja bom para todos o tempo inteiro. Estudos mostram que, muitas vezes, as pessoas acabam buscando vários tipos de tratamento em diferentes estágios da sua recuperação até achar algo permanente. É muito difícil avaliar qual teria sido o fator mais importante na recuperação de uma pessoa, porém o envolvimento familiar intenso, o entendimento muito claro do processo de recuperação e dos princípios do tratamento parecem ser variáveis importantes.

É preciso levar em consideração a opinião do usuário, que, por mais afetado que esteja, em grande parte, é capaz de decidir sobre o que é melhor para si mesmo.

36. Não é possível prevenir a recaída.

Instrução para o Facilitador

Um dos maiores avanços no tratamento das dependências de drogas nas últimas décadas foi a criação de técnicas que ajudam as pessoas a prevenir as recaídas. Todo um trabalho deveria ser feito com o usuário para que ele identificasse previamente as situações de risco, situações essas em que ele tenderia a voltar a usar a droga. Por ser o usuário o melhor radar dessas situações, é preciso conquistar a sua colaboração nesse trabalho de identificação.

O usuário também precisa desenvolver comportamentos que funcionem como alternativas ao uso de drogas. É comum o usuário de cocaína ou de *crack* consumir a droga quando está deprimido e ansioso ou após interromper o uso sob um estado de depressão. Esse usuário, em especial, deve, portanto, aprender outras formas de lidar com a depressão que não seja usando drogas.

As pessoas que não são dependentes de drogas usam mecanismos mentais e comportamentais para diminuir a depressão: assistem à televisão; leem um livro; conversam com amigos; refletem sobre as alternativas para o problema; procuram familiares, tratamentos ou religiões, etc. Para o usuário de drogas, a situação é mais difícil porque a droga é uma saída fácil e rápida para aliviar o desconforto.

A própria atitude do usuário em relação à recaída pode ajudá-lo a superar a frustação de ter voltado a se drogar. Sua resposta deve ser positiva e ele precisa refletir sobre o caso, identificar a situação em que a recaída ocorreu e pensar no que poderia ter feito como alternativa ao uso da droga. O usuário só tem a perder, se após a recaída, ficar com baixa autoestima, achando-se um caso perdido, um drogado. Pensamentos negativos nunca trazem bons resultados.

A recaída é sempre uma crise e tem de ser tratada como tal. Ela não deve ser minimizada, mas também não é motivo para pânico. Trata-se de uma oportunidade do usuário aprender sobre as suas situações de riscos e procurar viver uma recuperação com o menor número de crises possível até sua recuperação.

37. Os solventes só são usados por meninos de rua.

Instrução para o Facilitador

Uma população reconhecida como grande consumidora de solventes é a de meninos em situação de rua. No entanto, o uso de inalantes geralmente inicia-se entre 9 e 12 anos de idade, frequentemente entre estudantes do sexo masculino. Essa idade só é menor que a do uso inicial do álcool, o qual é culturalmente aceito em todas as camadas da sociedade brasileira. A curiosidade é a principal razão do uso, que também é justificada pela pressão ou sugestão dos amigos.

O uso por adultos, ainda mais raro após os 35 anos de idade, pode estar relacionado a problemas sociais como desemprego, delinquência e encarceramento.

Apesar do foco no abuso por crianças e adolescentes, é preciso ressaltar que os trabalhadores envolvidos com esses produtos, em processos industriais ou prestação de serviços, correm o risco de se intoxicar, voluntária ou involuntariamente, merecendo atenção.

38. O êxtase não causa dependência.

Instrução para o Facilitador

Sim, existem casos de dependência de êxtase, nos quais a droga passa a assumir uma importante parcela da vida de uma pessoa, a qual deixa valores até então considerados importantes para segundo plano.

O uso crônico do êxtase pode acarretar uma série de complicações. O usuário pode ter problemas hepáticos, tais como insuficiência e icterícia (o estado no qual o sujeito fica com uma coloração amarelada). Pode também vir a ter problemas cardíacos, devido ao constante aumento da pressão do sangue e ao aumento dos batimentos cardíacos, e emagrecer.

Atividade I – Principais domínios e seus respectivos fatores de risco e de proteção.

Domínios (listar em ordem de importância do 1º ao último lugar)	Fatores de Proteção	Fatores de Risco
1.		
2.		
3.		
4.		

Atividade II – Estratégias de Enfrentamento dos fatores de proteção e de fatores de risco mediante o uso de substâncias psicoativas.

	Fatores de Proteção
Estratégias de Fortalecimento	
	Fatores de Risco
Estratégias de Enfraquecimento	

Referências

1. CENTRO BRASILEIRO DE INFORMAÇÕES SOBRE DROGAS PSICOTRÓPICAS. Disponível em: <http://www2.unifesp.br/dpsicobio/cebrid/quest_drogas/extase.htm#1>. Acesso em: 24 mar. 2017.

2. FIGLIE, NB; DIEHL, A. *livro Prevenção ao uso de álcool, tabaco e outras drogas*: o que e como fazer? 1 ed. Porto Alegre: Artmed, 2014.

3. FIGLIE, NB; PEREIRA, BAAX; LARANJEIRA, R. Uso de álcool, tabaco e demais substâncias psicoativas por adolescentes do gênero feminino: identificação, prevenção e intervenção. In: ALDRIGHI, JM; CAMPANER, AB. *Ginecologia e Obstetrícia: da infância a adolescência.* 1.ed. São Paulo: Editora Atheneu, 2016, pp 353- 369.

4. FIGLIE, NB; SELMA, B.; LARANJEIRA R. *Aconselhamento em Dependência Química.* 3. ed. São Paulo: Grupo GEN, 2015.

5. LARANJEIRA, R; JUNGERMAN, F; DUNN, J. *Drogas*: Maconha, cocaína e *crack*. São Paulo: ed. Contexto, 1998.

6. LARANJEIRA, R; PINSKY, I. *O alcoolismo*: mitos e verdades. São Paulo: ed. Contexto, 1997.

7. *LEVANTAMENTO NACIONAL DE ÁLCOOL E DROGAS* (2012). Disponível em: <http://inpad.org.br/wp-content/uploads/2014/03/Lenad-II-Relat%C3%B3rio.pdf>. Acesso em: 24 mar. 2017.

8. RAW, M. *Parar de Fumar é Possível* (2009) São Paulo: Publifolha.

AS AUTORAS

Organizadoras

Lívia Pires Guimarães – Psicóloga. Especialista em Dependência Química (UNIAD). Especialista em Criminologia (PUCMINAS). Especialista em Gestão Pública em Organizações de Saúde (UFJF). Mestre em Educação, Cultura e Organizações Sociais (FUNEDI / UEMG). Atuação como Psicoterapeuta. *Homepage*: <www.liviaguimaraes.com>.

Neliana Buzi Figlie – Psicóloga. Especialista em Dependência Química (UNIAD). Mestre em Saúde Mental e Doutora em Ciências pelo Depto de Psiquiatria da Universidade Federal de São Paulo. Professora Afiliada Modalidade: Ensino/Assistencial na Escola Paulista de Medicina. Atuação como Psicoterapeuta Cognitiva. Formação em Entrevista Motivacional pela *University of New Mexico – Center on Alcoholism, Substance Abuse and Addictions* (CASAA). Pertence à equipe da UPPSI. *Homepage*: <www.nelianafiglie.com.br>.

Colaboradoras

Alessandra Diehl – Psiquiatra e educadora sexual. Mestre e Doutora pelo Departamento de Psiquiatria da Universidade Federal de São Paulo (UNIFESP). Especialista em

Dependência Química (UNIFESP) e Sexualidade Humana (Universidade de São Paulo). Preceptora da residência médica em psiquiatria do Instituto Américo Bairral. Presidente do Centro de Estudos Américo Bairral de Psiquiatria (CEPAB). Professora convidada do Centro Brasileiro de Pós-graduação (CENBRAP). Membro do grupo de pesquisa em Sexualidade Humana do Centro Universitário Salesiano de São Paulo (UNISAL) e da UNIFESP. Pertence à equipe da UPPSI.

Maria Teresa Malaquias de Albuquerque – Assistente Social. Especialista em Saúde Coletiva pela Universidade Estadual de Maringá. Especialista em Administração em Recursos Humanos pela Universidade de Taubaté. Especialista em Gestão Estratégica da Ciência e Tecnologia em Institutos Públicos de Pesquisa pela Fundação Getúlio Vargas.

Maria Aparecida de Andrade Borges – Psicóloga. Especialista em Dependência Química pela Unidade de Pesquisa em Álcool e Drogas da Universidade Federal de São Paulo (UNIAD/UNIFESP). Especialista em Terapia Cognitiva pelo Instituto de Terapia Cognitiva (ITC).

Thaís dos Reis Vilela – Psicóloga. Especialista em Dependência Química pela Unidade de Pesquisa em Álcool e Drogas da Universidade Federal de São Paulo (UNIAD/UNIFESP). Especialista em Terapia Cognitiva pelo Instituto de Terapia Cognitiva (ITC). Mestre em Ciências pelo Departamento de Psiquiatria da UNIFESP. Doutoranda do Departamento de Psiquiatria da UNIFESP.

ANEXO 1 – MITOS E VERDADES DO USO DE SUBSTÂNCIAS PSICOATIVAS

INSTRUÇÕES

Procedimentos

- Iniciar a atividade explicando que o objetivo central será discutir os mitos e verdades relacionados ao consumo de bebidas alcoólicas, tabaco e outras drogas a partir de afirmações disparadoras da discussão.
- Distribuir aleatoriamente entre os participantes os mitos (filipetas com as afirmações sobre as diversas substancias psicoativas).
- Solicitar a opinião e participação ativa dos participantes de modo a propiciar um debate interativo e informativo.
- No transcorrer da discussão, o facilitador estimula os participantes a expor suas crenças e dúvidas sobre as diversas substâncias, desmistificando o senso comum.
- O facilitador atua de forma a esclarecer os conceitos baseados em evidencias, bem como discutir os mitos relacionados ofertando um ambiente de educação e colaboração entre os participantes.

Indicação

- Grupo ou Individual

Tempo de Duração

- 5 a 10 minutos para explicações gerais.
- 40 minutos para exposição e discussão das frases.
- 15 a 20 minutos para síntese conclusiva.

Material Necessário

- Recortar as frases das páginas seguintes.
- O facilitador tem como material de apoio a Instrução de cada mito (Anexo1)

1. *Uma pessoa tem que beber álcool todos os dias para ser considerada alcoólica.*

2. *O álcool é a droga mais usada no Brasil.*

3. *Os cigarros ajudam as pessoas a se acalmarem.*

4. *Fumar prejudica também os não fumantes que inalam a fumaça do cigarro dos fumantes.*

5. *O cigarro demora em criar dependência.*

6. *As crianças, cujos pais são bebedores pesados, têm maior risco de desenvolver problemas com álcool do que as outras crianças.*

7. *A maconha afeta a coordenação motora de quem a usa.*

8. *As pessoas que usam maconha têm maior probabilidade de se envolver com outras drogas quando comparadas às pessoas que não usam.*

9. *O uso de maconha durante a gravidez pode ser extremamente prejudicial ao feto.*

10. *A maconha pode desencadear sintomas psicóticos em usuários.*

11. *Consumo de álcool durante a gravidez não prejudica o feto.*

12. *O grau de intoxicação alcoólica detectado pelo bafômetro para quem dirige embriagado é 0.01.*

13. *A idade mínima para comprar tabaco e álcool no Brasil é 18 anos.*

14. *A venda de cigarro só poderá ser realizada mediante apresentação de documento de identificação com fotografia no ato da venda de cigarros e afins.*

15. *A pessoa já nasce dependente do álcool.*

16. *Dependência química não é uma doença.*

17. *Quando o dependente químico para de usar a substância ele não sente mais falta dela.*

18. *Um pouco de álcool na gravidez ajuda na produção de leite materno.*

19. *A propaganda na televisão influencia o consumo de bebida alcoólica.*

20. *A internação é o único tratamento eficaz para a Dependência Química.*

21. *A recaída significa que o tratamento não deu certo.*

22. *A concentração de maconha é sempre igual em suas preparações.*

23. *Nenhum exame consegue detectar se a pessoa consumiu alguma droga ou álcool.*

24. *Fumar maconha acarreta menos danos à saúde do que o cigarro e o álcool.*

25. *A maconha queima neurônios.*

26. *Cocaína é diferente do crack.*

27. *Os primeiros efeitos da cocaína são sempre bons.*

28. *As drogas e o álcool aumentam o prazer sexual.*

29. *Drogas e AIDS andam sempre juntos.*

30. *Parar de usar cocaína / crack não é um bicho de sete cabeças.*

31. *Se uma pessoa fuma um baseado, isto significa que ela é viciada.*

32. *Os usuários de drogas só procuram sensações de prazer.*

33. *É muito simples ajudar um dependente de drogas / álcool.*

34. *A família também precisa de tratamento.*

35. *A opinião do usuário de drogas não é importante no tratamento.*

36. *Não é possível prevenir a recaída.*

37. *Os solventes só são usados por meninos de rua.*

38. *O êxtase não causa dependência.*